凡人の戦略

暗躍する仕事術

佐藤満春

KADOKAWA

はじめに

1作目の自叙伝的なエッセイを書いて、豪華な対談相手の人気やら、優秀な編集チームのおかげもあって、想像よりもずっとたくさんの反響をいただきました。

ただ、僕自身はといえば勝手なもので、どこで誰に届いているかなど気にする余裕もないし、感想をいただいてもピンとこなかった時期が長かったのが正直なところ。

「本は誰かの手に届いて、成立するのだなあ」と思うところもあるけれど、速射砲のように文字を打ち続けて、それでもうあとは、何にならなくても、どう思ってもらっても、もう仕方ないことだ！というといういきなり諦めの境地に再び燦然《さんぜん》と立ち続ける以外にはどうにもなかったように思います。それはこれまで作ってきた作品も全部そういえばそうだったから。


放送作家として多くの番組に関わり、数多くのイベントの構成も担当しました。少なか

らず僕のことを知ってくださる方も増えたと思います。しかし。僕自身の仕事ぶりについて、

「実際、具体的には何してるの？」

「なんか面白そうな番組や企画に関わってるけど、結局何してる人？」

などと聞かれるタイミングも増えました。

そうなのです。僕がやっていることは世に出ません。

まして、評価を受けることもありません。

それでも僕は続けていくのです。

出演者の皆さんからは「またサトミツが暗躍して……」なんていじられる機会も多々あります。**いつの間にか「暗躍」は僕自身の仕事ぶりのキーワードにもなりました。**

「暗躍」とは人に知られないようひそかに策動すること、という意味だそうです。

仕事をする上で「評価」や「承認」を求めることもなく粛々と、淡々と、プロジェクト

の成功に向けてこっそりお仕事をするのが僕の生き方です。

今回の本は、そんな僕の仕事術を少しだけまとめてみました。興味がある方だけ、どうぞご覧ください。これを読んで、僕のことを賞賛してほしいわけではありません。


数多くの天才たちと関わりながら、その天才たちに「頼られる」凡人としての暗躍術になります。僕と同じようなことで悩んで、つまずいてる方のちょっとしたヒントになれば幸いです。決して僕は何かの成功者ではありません。

ただ、凡人であるからこそ誰にも通ずる何かの法則がそこにはあるのではないかと。


この本がしっかり形になる頃には46歳、50歳も見えてきました。人生はとっくに折り返してるんでしょう、長生きする予定も、するつもりもありません。

2024年、担当番組を半分以下にして、自分の時間をつくることに成功しました。

それでもまだまだ忙しく、不眠と眩暈と体の不調も抱えて万全ではありません。

いったい僕はなんのために仕事をしてなんのために生きているのか？

望んで入ったこの世界で好きな人と好きな仕事しかしていない。

収入もある程度、生活には困らない程度にはいただいています。

そんな中、僕が僕であるために（なんだっけこの曲）自分軸でもう少し生きるため、考えをまとめてみることにします。

大きく、仕事に対する取り組み方を書く本となります。

当たり前ですが仕事だけが人生ではないので、別に日々の仕事を頑張って趣味の時間を充実させて楽しむ人生もありだし、ペットと楽しく過ごす時間のために生きてもいいわけで、そこを否定するものではありません。

人生のほんの一部分の「仕事」に対するアレコレだと思ってください。

気になる方は最後までお付き合いください。

佐藤満春

帯番組の放送作家の仕事に密着!

帯番組のため平日は朝6時から稼働するのが基本

1 6:00頃

日本テレビ着。1時間宿題と当日VTRのリサーチ

この日は、別件の仕事(宿題)のために1時間早く現場に到着。PCを開いたままVTRチェックのブースへと移動する。

7:00 2

VTRチェック、ナレーション、原稿の修正作業

原稿を修正する最終のタイミングはココ!

VTRで流すテロップの誤字や間違った情報がないかなどのチェック。ナレーションの読み合わせを行い、テロップが読みやすいかなども検討する。

テレビ編「DayDay.」の場合

スタッフと雑談をしながら和やかな時間が流れる

3 8:00

全体打ち合わせ

先ほどのブースから、番組の放送をチェックする部屋へと移動。チーム全体で放送のすり合わせ。

4 9:00

放送スタート!

オンエアを見ながら、ナレーション内容や放送内容をチェック。

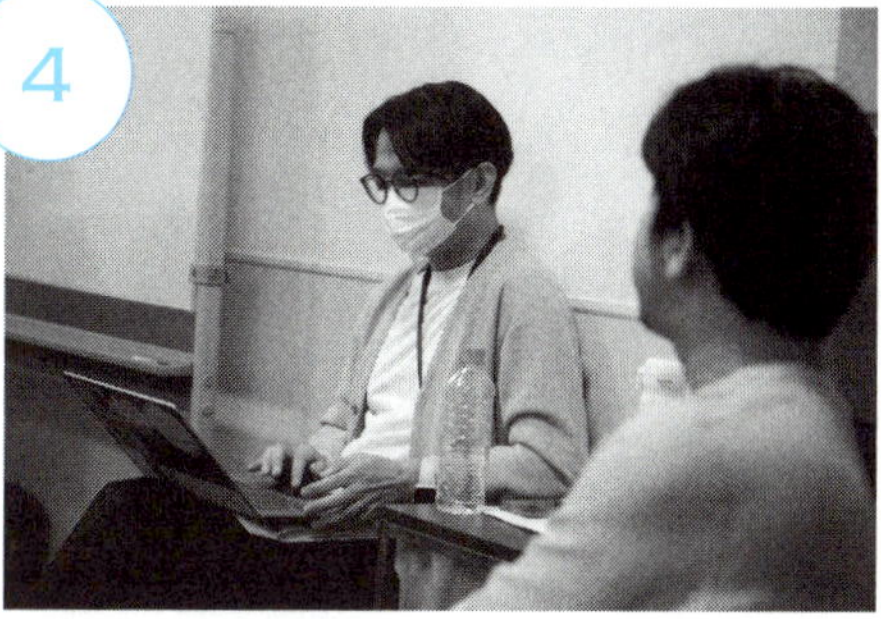

番組を終えての振り返り

5 11:00頃

放送終了、終了後反省会

放送終了後、全体を通しての反省会が行われる。反省会は毎日行われる定例業務。

ラジオの放送作家の仕事に密着！

1　21:20頃

ニッポン放送に到着。溜まっている作業を消化する

作業が立て込んでいる場合はさらに時間を前倒しして入ることもある。メールの返信や、企画の詳細を連絡する時間に充てる。

21:30　2

コーナーの全体会議へと向かう

持ち寄った企画をプレスト

この日は新しいコーナー案についての全体会議に出席。それぞれが持ち寄った企画を確認して、どのくらい会話が広がるかなどをチェックしていく。
※全体会議は不定期開催

早めに到着した春日さんと合流

3 22:30

春日さんが到着

雑談ベースで話を聞いていく。本人は当たり前だと思っていることでも人が聞いたらおかしなことだったりするのでその発見を2人でするイメージ。

24:45 4

ブースへ若林さん到着

その日の簡単な流れを確認しつつ着席。その後、すぐに若林さんが、続いて春日さんもブースへと到着。

番組を終えての振り返り

※取材日は、たまたまひなたフェス2024年当日だったためひなたフェスTシャツを着用。

5 25:00

放送スタート!

放送作家としての生放送中の作業は提供クレジットを本人に渡したり、事前に本人たちが選んだメールの束を読む時に渡す、くらい。この日の2時間生放送もトラブルなく楽しく終了。

1 諦めて見つけた自分の戦い方

2 仕事の広げ方

3

暗躍するということ

4

企画・アイデア・仕事術

著者 ● 佐藤満春
企画協力 ● ケイダッシュステージ
取材協力 ● 株式会社ニッポン放送、日本テレビ放送網株式会社
編集 ● 遠藤優華子(KADOKAWA)
● 山岸南美
撮影 ● Ayako Kojima
デザイン ● 須貝美咲
DTP ● アーティザンカンパニー
校正 ● 文字工房燦光

1

諦めて見つけた
自分の戦い方

積極的に諦めよう

「好きを仕事に！」こんな謳い文句が人々を煽り始めたのはここ数年でしょうか。もちろん、こちらが勝手に煽られている気になっているだけかもしれませんが。

そんな僕も「好きなことを仕事にしてしまった」1人です。ただ、「好きを仕事にしよう！」と考えたというよりはもっと消極的な考え方で、**「結果として、好きなことだけが仕事として残ってしまった」と言ったほうが適切でしょうか。**

2001年、僕はお笑いコンビ「どきどきキャンプ」としての活動を始めました。2008年に「爆笑レッドカーペット」という番組に出演したことをきっかけに少しだけテレビに出る機会をいただき、アルバイトを辞めて芸人としてのギャラで生活ができるようになりました。これはとてもラッキーなことでした。

お笑い芸人として芽が出るわけでもなく、それでも「どことなく」ライブに出続けることは可能で、運よく少しだけテレビに出ることができました。売れない時代はテレビに出れば飯を食えるようになり、なんとかなると漠然と思っていたわけですが、様々なテレビ番組の出演機会をいただく中で想定と違うこともたくさん感じました。

求められるスキルが全く違う、そして自分に全くできそうもないことばかり！　戸惑いの毎日でした。

「芸人としてテレビに出続けて、冠番組を持って、MCになる」

周りにいる芸人仲間たちが当然のように掲げる夢を、僕は叶えようと思いませんでした。願って叶うような夢だとは到底思えなかったし、寂しいけれど自分にそんな実力があるとも思えない。若い頃の自分は「そもそもそんな夢を抱いてもなかった」ということもあるのかもしれません。

2023年の「M1－グランプリ」の出場組数は8540組。僕がお笑い芸人として活動を始めた2001年に「M－1」が始まり、当時は1603組。単純計算でこの二十数年で5倍〜6倍、芸人さんが増えたことになります。

年を追うごとにその技術と才能に圧倒される芸人さんと出会い、自分の実力不足を感じ、**「向き不向き」という大きな壁にぶち当たることになります。様々な働き方が許容されるようになった今、これは芸人に関わらず幅広い職種で起こる現実だとも思います。**

僕は、そもそも大きな趣味も特技もないままお笑い芸人の活動を始めました。

現在、芸人としての活動は辞めてはいませんが、収入源は主に放送作家としての仕事です。放送作家として多くのレギュラー番組を抱え、20本以上の担当番組を抱える時期もありました。運がいいことに多くの実力者たちと面白い番組を作り、日々笑いながら生活をしています。

芸人になりたての頃に思い描いていた未来ではありませんでしたが、今、思い描いた以上の何かを達成しているようにも感じます(運がよかった、に尽きるのですがそれだけではこの本がここで終わってしまうので続けます)。

今こうして生活できるのは**自分の実力や才能と、冷静に向き合った結果です。様々なこ**

とを俯瞰で見つめて「諦めることができた」からでしょうか。

諦めることは悪いことではありません。僕がどんなに努力しても身長190センチのモデル体型にはならないように、**願ってもどうにもならないことはあります。**僕が「モデルになりたい」と言いだしたらいろんな人が止めるでしょう。**「身長」のような目に見えるものでなくても「向き不向き」「生まれ持った何か」は確実に存在します。**

「好きなことを追い求める」先に自分らしさを見つけられる人もいますが**「諦めた先」に「自分らしさ」を発見できることもあるのではないかと。**

僕自身はいろんなことを諦めてきました。諦めたからこそ見えてきたこともたくさんあります。「なんでもできるよ」「夢は諦めるな」みたいなことを僕は言いません。夢を諦めた先にあるのもまた、自分にとって大切な何かであるのだから。

「なんかうまくいかないな」と思った時にその道で打開策を見つけるために時間を費やすか、何かしらの方向転換を試みるか、次の節で僕の例を参考に少し具体的にお伝えしていきたいと思います。

消去法で生きていく

そもそも「仕事をする」とはどういうことでしょうか？　「生活費を稼ぐ」「お金を稼ぐ」ということならば今の僕は収入のおよそ7割を放送作家の仕事で稼いでいます。好きな仕事ではありますが、元から、そうなりたくてそうなったわけでは全くありません。

僕のキャリアのスタートを振り返ってみると、もともとは芸人から始まりました。芸能の道はイレギュラーな仕事なので、華やかで狭き門、夢を追う人がする仕事、といった見え方をするかもしれません。外から見るとそのように見えるかもしれませんが、僕の実感とは大きくかけ離れています。

僕に限った話ですが、もともと芸能の世界でバリバリに活躍する自分を思い描いて芸能の道に進んだわけではありません。

僕のような性格の人間が「自分の興味のある線」と「自分のできそうなこと」を掛け合わせて何ができるだろうか、と考えた末にたどり着いたのが芸人という仕事です。「芸人になるのが夢だった」というよりも**「芸人になるしかなかった」というのがしっくりきます。**
つまり、消去法によって芸人という仕事を選んだのです。

世の中では「多様性の時代」「マルチタスクの時代」みたいなことを急に言われるようになり、ここ数年はさらに仕事に関しての感覚が一昔前よりも開けてきて、各々の価値観も変わってきていると思います。

そうなると、ことさら「好きなことから仕事を選ばなければ」「やりがいのあることを職業にしなければ」というような、見えない圧に苦しめられやすくなることもあると思います。

ですが、仕事ってそんなに簡単なものではないですよね。**多くの仕事の中から「完全に自分に合う好きなものを仕事にする」なんてなかなかに難しいことです。**それこそ一部の才能を持った人や、実力がある人はそれで困らないかもしれません。でもほとんどの人はきっとそうではないはずです。

そこで、視点を変えて試してほしいのが**「無限にある可能性から選ぶ」**のではなく**「できることから消去法で選ぶ」という考え方です。**

僕の場合は中1でラジオに出会い、ラジオ漬けの日々が始まりました。お笑い芸人の皆さんが担当するラジオ番組が大好きになり、芸人さんのネタも好きになりました。僕には彼らのような素養やセンスがないこともうっすら自覚はしつつも、他に興味を持てるものもなく、結果的に消去法でお笑い芸人を志しました。**逆を言うと芸人以外を諦めたんです。**

お笑い芸人になるというのはお金を意識しなければ簡単で、「ライブでネタを披露する」ことだけで成立します。ただし、芸人を仕事にするのであれば「飯を食べていく」ところまでいかないといけません。

僕は2001年にお笑い芸人になりましたが、仕事として生活できるようになったのは2008年。少しだけテレビに出る機会もいただきました。

そこから、たくさんの芸人さんと仕事をするようになり、芸人としての「向き不向き」を思い切り突きつけられました。僕が直面したのは「芸人としては限界、だけど生活はしていかないといけない」という現実でした。

その頃、仲の良いオードリーが「オールナイトニッポン」を担当することになり、運よくラジオ局（ニッポン放送）に見学に行くことができました。それをきっかけに「なんとかラジオに関わりたい！」という僕の想いと、現場の皆さんの優しさによって、僕の「放送作家」としての道が始まりました。

見学に行った時には、これを仕事にできる！と確信を持っていたわけではありません。ただの見学です。ですが、スタッフの人に自己紹介をした時に、ラジオに関心があることや昔からずっと好きで聞いているのはラジオだと伝えました。

それをどのように受け取ってもらえるかは相手次第ですが、僕の場合はそれから15年が経過し、担当番組が一時期20番組を超えるほどの仕事をいただけるようになりました。

「消去法で選ぶ」という文言は矛盾しているようにも思われるかもしれません。ただ、様々な選択肢がたくさんある中、まずは自分の中で絶対にありえないことや、可能性の低いものから潰していくだけで選択肢は狭くなりますよね。

今、やりたいことがわからない。
向いていることがわからない。

そんな声をよく聞きますが、そういう時は消去法で自分の道を考えてみてもいいかもしれません。

「やりたくないこと」「苦手なこと」を消していくだけで、少しだけ視界は晴れやかになると思います。

好きなものは日常を見つめて知る

最近は学生さんや新入社員の皆さんから仕事や生き方についての相談を受け、僕なりにお答えをするという取材の機会をいただくことも増えてきました。

皆さんが抱く悩みの中でも特に多いのは**「今、夢中になれるものがないのですが、どうやって探せばいいですか」**というもの。この質問をくれる皆さんのほとんどが「好きを仕事にできていない」「今の仕事が好きかどうかわからない」という状態であることが多いと思います。

しかし、僕自身のことを振り返ってみると、サッカーやラジオ、お笑いなど好きなものを1つに絞れているわけでもないし、仕事をする時に「これで生計を立ててプロになろう！」などとかっこよく覚悟を決めたわけでもありません。

少し突き放した言い方になってしまうかもしれませんが、「好きなものを見つけたい」と思っても、必ず見つかるものでもないし、見つからなくてもそんなに焦る必要がないのかなと思います。

自分の興味があるものに小学生の頃に出会える人もいれば、60歳になって見つかる人もいるでしょう。たった1つの趣味を長年続ける人もいれば、複数の趣味を持ち続ける人もいます。人それぞれの感覚や、アンテナの張り方、何を面白いと思えるかなどによって〝好き〟という気持ちは変わってくるものだと思います。

年齢や環境が変わることで急に目の前に何かが現れることもあるかもしれません。仕事をする上では、自分が好きなことや得意なこと、できることを早く見つけられるのはアドバンテージになります。でも、人生の幸せというとても大きな枠組みで捉えてみると、いつ自分の好きなものに出会えるかはあまり関係ないように思います。

まず大前提として「好きなことって仕事にしなきゃいけないの？」ということを1回再

確認したいところです。仕事というフィールドで戦っていく時には「自分の好きなこと」が大きな武器になることがありますし、そのために好きなものを知るというのは必要な作業だとは思います。

ただそれがなかなか見つけられない人もいると思いますし、それで全く問題ないと思うんです。僕はサッカーが大好きですが、Ｊリーガーになれたわけでも高校サッカーで選手権に出たような実績も全くありません。弱小校のベンチだったわけです。でも、それでいいんですよね。

そういう時は自分の日常を見つめてみてください。

狭い部屋の中でゲームをして楽しいと思えるならそれでいい。外に出て刺激を受けることが面白いと思えるなら出ればいい。その上で、もし今の生活に楽しいと思えるものがないなら、今までとは違ったことをしてみてもいい。

本心では興味があることなのに、周りからの評価を気にして取り組んでこなかったこととか。「自分はオシャレをしても意味がない」とか、「アイドルを好きなことをバカにされた」とか、アンテナ自体はちゃんと動いているのに、自分から好きでいることをやめたことに、もう一度焦点を当ててみてもいいでしょう。

僕の経験則になりますが、**好きなことや興味のあることなんて流れに乗って勝手にやってくるものなので、あまり焦らずにゆっくりと見つけたらいいと思います。**僕も、これから興味が出てくるものもあると思うので。

今すぐに見つけることができなくても、日常を振り返って見つめてみることで好きなことのヒントを探る。それが何かしら仕事に役立つこともあるはずです。

そして、「本当に好きなことは仕事にしないといけないのか?」ここも一緒に再確認していきましょう。

「やりたいこと」「向いているもの」「やるべきこと」

この項目は『やりたいことを見つけたい！』とか『何かに夢中になりたい！』という方に向けて特にお伝えしたいことを書いていきたいと思います。

「頑張れば必ず夢が叶う！　目標まで諦めずに頑張ろう！」
「努力は必ず報われる！」
「好きなことを仕事にして、努力を忘れるくらい夢中になろう！」

耳馴染みのよい、そしてあたかも清廉潔白な、そんな言葉の数々に僕はかねてからとても懐疑的で、子どもの頃から「そんなわけねえだろ」と思って生きてきました。

小学生の時ですら、将来の夢を書かされる時間が嫌いでした。僕自身は「こんな小さい時から、将来の選択肢なんか知らないよ。なんで今書かないといけないんだよ！」と思っていて、もし、自分の息子がこう思っているとしたらぞっとするような小学生でした。

小学校1年生からサッカーを習い始め、翌年以降、続々と部員が増えていきました。僕は周りより早めに習い始めたにもかかわらずチームの人数が40人を超えた頃、あっという間に3軍になりました。そうです、序列で一番下のチームにいたのです。

努力の総量はみんなとそう変わりません。なんなら休みの日も練習をしました。この時点で僕は「なるほど、誰も教えてくれないけど、これが向き不向きというものなんだな」と自覚しました。

そんなことは誰も教えてくれませんでしたが、**僕の目の前に立ちはだかっていたのは「向き不向き」、言い換えると「才能」という現実でした。**

だからといって、サッカーが好きなんだからサッカーをやめる必要はないし、努力をやめる必要もありません。僕は46歳になった今もサッカーをやっています。それでいいわけです。

「好きだけど自分には向いていない」という現実には、その後の人生でもたくさん直面しました。

こういう経験を踏まえて思うのは「好きだけど自分には向いていない。だから仕事にはしない」という人はどんなジャンルであってもたくさんいる、いていいわけです。

好きなことを趣味で楽しんでいるのだろうし、それは誰に咎められるものでもありません。趣味であれば。**ただ、仕事にしようと思うと話は違います。**

キツくなってしまうのは「好きだけど自分には向いていない」ものを、無理に仕事にしようとする時です。無理をするから疲弊するわけで。どんなに好きでも、向いていない仕事では自分を苦しめてしまうのではないでしょうか。

さて、そう考えていくと「自分の適性」との出会いは仕事を選ぶ上で大事なテーマになってきます。「自分に向いているもの」はなんでしょう？　そこが見つからないから悩んでるんだけど……という声も聞こえてきそうですね。

ここで目を向けてほしいのが、**実は「やりたいこと」「向いているもの」「やるべきこと」**

はそれぞれ違うものかもしれないという点です。

だとすると……

- **いろいろなことを試してみる**
- **信頼できる他者からの操作ができない評価を冷静に受け止める**
- **手応えを感じたものを大事にする**
- **いろんなことにちゃんと絶望する**

こういう経験によって、自分の「やりたいこと」「向いているもの」「やるべきこと」が見えてくるはずです

無駄かもしれないことも含めて、いろいろやってみる。やってみたら「向き不向き」のオセロがひっくり返ることもあるかもしれないし、そのオセロをひっくり返すには「行動」するしかないわけです。

改めて、この項目の冒頭で挙げた言葉を見直してみましょう。

「頑張れば必ず夢が叶う！　目標まで諦めずに頑張ろう！」

うん。ただし、その夢ってあなたがやるべきことなのか？

その目標設定は正しいのか？　冷静に判断すること。

「努力は必ず報われる！」

うん。ただし、**無駄なこともたくさんやった後で「結果的に報われることもある」だけ。**

「好きなことを仕事にして、努力を忘れるくらい夢中になろう！」

うん。ただし、**好きなことを仕事にするのが幸せとは限らない。仕事が丸ごと人生である必要はないし、好きなことを仕事にしない道もそれはそれで正しい。**

という但し書きをつけてみたら、全くキャッチーではなく前向きでもない、リアルな話になってしまいました。でも、現実はこんなものです。

僕は、港区のタワマンではなく町田市の建売一軒家に住み、外車ではなくスライドドアのファミリーカーに乗る生活で大満足しているので、今以上の収入はもう必要ありません。となると、ここからはオファーがあるお仕事に丁寧に恩返ししつつ「やりたい人とやるべきこと」に充てる時間を過ごすべきだなと思っています。

「やりたいこと」と「やるべきこと」と「向いていること」は絶妙にそれぞれのバランスを保って、現実という形で僕らの人生にリアルを突きつけてきます。

「やりたいこと」が必ずしも「お金になる」わけではないし「お金にならないといけない」わけでもない。「向いていること」は自分では判断しにくいけど「他人が見極めてくれること」でもあります。その上で「やるべきこと」もあるのでしょう。

あとは「お金に対する執着」とその理由も明確になると、働きがいがありますよね。

家族のためなのか。見栄のためなのか。プライドのためなのか、社会のためなのか。ただ、自分への探求なのか。

苦手なことは諦めてみる。僕が打ち上げに行かない理由

一仕事終えた後に各所で打ち上げと称される集まりが開催されますが、打ち上げも僕が諦めているものの1つです。

タイトルの通り、僕は打ち上げに行きません。これまでも行かなかったし、これからも行かないと思います。行きません。そもそも「打ち上げ」が苦手だなと思ったのはお笑い芸人になって「打ち上げ」という文化を知ってからです。

打ち上げが苦手な理由は挙げればキリがありません。口数が少ないので黙っていると「つまらないの?」と言われるし、お酒が飲めないので飲まずにいると「もっと飲みなよ」と言われるし、何より時間もお金もかかるし、ずっとみんなのご機嫌をうかがってないといけないし……。

え！！！打ち上げって最低最悪じゃん！！！！！！！！
やだやだ！！！！！！！！

こうして出来上がったのが僕です。でも駆け出しの頃は（極端だけど）「打ち上げで盛り上げてこそ芸人」「みんなの輪を乱すやつは敵」みたいな空気が大いにあったので打ち上げが嫌いなんていう人には出会ったことがありませんでした。

そんな時に仲良くなったのがオードリーの若林正恭君です。

「打ち上げ、最悪じゃない？　帰っちゃおうか」

そう言いながら僕らはファミレスに行き、当時住んでいた近所の高井戸温泉に行き、散歩をして、帰りました。打ち上げに行くよりもめちゃくちゃ充実した気持ちのいい一日でした。若林君と仲良くなった大きな理由の1つはそこです。

当時、そんな感覚の人がいなかったのですから。そりゃ仲良くなるだろうと。

そこから「あいつらは誘っても来ない」というちょうどいいレッテルを貼られるまでは地獄のような時間を過ごします。今こそ打ち上げや飲み会なんて自由参加であるべきという風潮になっていますが、少なくとも20年前はもっと窮屈で肩身の狭い思いをしていました。

ただ、行ったところでいい気持ちになることはない、と判断して以降、僕は打ち上げや飲み会に行くことを諦めました。最初に感じた「打ち上げ」への嫌悪感は消えないし、そこに関してはもう潔く諦めたのです。

仕事を続けていると年末には「忘年会」のお誘いもあります。でも、行きません。どんな番組のものでも行きません。

コロナ禍に入って唯一よかったと思ったのは「飲み会の誘いが一切なくなったこと」。コロナが落ち着き、今また再開したことに関しては「うわああ……断るの大変だな」と思うところ。

放送作家になりたいけど、社交的ではないから諦めました、という方に出会うことが時々あります。放送作家なんてならないほうがいいわけだから、諦めたという点については大いに共感・賛同なのだけど1点だけずっと引っかかっているのはその言い訳を**「自分が社交的ではないから諦めた」ということに着地させてしまう点**。

放送作家という仕事においては「自分が社交的ではないから諦めた」と言うのは実は理由にはならないと考えています。というのは僕が社交性など一切持ち合わせないまま、仕事の依頼が止まらないという事実があるからです。そういう人間がいるのだから、社交性がなくても放送作家にはなれるわけです。なので、それを言い訳にするという時点で、俯瞰で自分と向き合えていないということでもあり、残念ながら「才能」としても放送作家には向いていないのでしょう。

僕は、放送作家になってほぼ全ての飲み会・打ち上げに参加していません。苦手だからです（わがままなのは重々承知）。でも、僕は苦手なので行きません。お酒も飲めないし。

ただ、こんな人間でも最高で20を超える担当番組を抱えることも可能な世界なわけです。時に、人は自分の才能のなさと冷静に向き合い、対峙していく作業も必要になります。これは大変苦しいことです。飲み会に行けない、ということだってそう。

そんな中で「才能はあったんだけど、人と交流できない天才だから仕事にならなかった」と言ってしまえば楽です。だって、そう語ったほうがプライドは傷つかないですもんね。しかし実際はそうじゃない。**自分のできないところをきちんと見つけて「才能がとても追いつかなかった」と冷静に言える人間のほうが強いなと僕は思います。**

飲み会や打ち上げに参加していない分、仕事で結果を出していくしかなかった。コミュニケーションをとる場所が他の人より少ない分、作業・クオリティ面で信頼され、必要とされるしかないと思ったのでシビアに仕事に向き合ってきました。

仕事がこなかった、放送作家になれなかったのは「社交性がないから」なのか。それは本当は「才能がなかった」「努力が足りなかった」からではないのか？　自分自身でそれを認めることのできないプライドの高さはそこにないのか？

ここまで打ち上げの存在を「悪」だと決めつけてきましたが（笑）、打ち上げがもたらす効果を認めていないわけではありません。

最近番組を作っていて思いますが、明らかに「飲み会を経てチームの結束力が出てるじゃん！」と感じることもあります。打ち上げや飲み会を通して密にコミュニケーションがとれるようになり、仲良くなり、いいものがつくれるようになっていく。

そういうのって大事だな。

やっぱり飲み会って大事なんだな。

僕も打ち上げを楽しめるような人格であればよかったのにな。

本来は僕もそういう場に参加して、人間関係を強固にして、チームワークを高めて、番組制作に生かすべきなんでしょう。つまり、打ち上げなんて参加しなくてもいい、と言いたいのではありません。
ここの冒頭で書いたように、**大事なのは「自分の実力や才能と冷静に向き合う」ことです。諦める部分があるのなら、どうやってカバーするのか、どういう方向に進むのか、自分に合う方法を考えればいい。**

僕は飲み会に行かないからこそ、飲み会以外の場で信頼関係をつくることをより意識しています。飲み会に行かなかったせいで足りない部分があるのなら、その分は仕事でカバーするしかない。結果・作業・クオリティで埋め合わせして信頼関係をつくっていく。飲み会に参加しなくても信頼関係をつくることは可能ですから。

何を諦めて、諦めた部分をどうやってカバーするのか。
それが自分らしく仕事を進める上で大切なのかもしれません。

自分の才能と正当に向き合う

フリーランスとして生きていく中で、飲み会にも行かず人と交流もせずに仕事を増やすというのは不可能に近い行為です。人間関係というよりは「仕事ぶり」で評価されないといけないわけですから、よりシビアですよね。

そんな中、放送作家志望の方やクリエイター、芸人志望の方で「僕、お笑いしかできないんで！」「面白いことしか考えられないんで！」という人がやってしまいがちなミスとして「大喜利の回答ばかり考える」ことが挙げられます。

（ここでの「大喜利」とは「お題」があり「面白い回答」を答える、システムのことを指します。）

現在のお笑い番組などで見受けられるフリップ大喜利のシステムは松本人志さんが作っ

たコンテンツだと言われています（もちろんそれ以前にもありましたが、あれを「笑いの競技」としてコンテンツ化したのは松本さんではないかと。諸説あるかもしれませんが）。

モノづくり（作品作り）をしようと思った場合は本来その「コンテンツごと作り出す」ことをしないといけません。

ラジオにおけるネタメールも同じで、まず「コーナーとしての精度」そして「パーソナリティの読み方」などいろんな人のお膳立てがあり「面白いメール」というものが成立します。メール単体だけで面白いか、というとそうではない場合がほとんどです。

ラストの部分だけで「天才」だと自称するのは実は視野が狭く、それは「大きなフレームの中で、中身のごくごく一部を考えるのが好きな人」というだけだったりします。ゲームで例えると「あるゲームのある限定された場面の1プレーだけ得意な人」が「ゲームの天才」を自称し「ゲームクリエイター」を目指すようなものです。

そういうことに気がつかず、自分には才能があると自分を過信しすぎて現場に入ってしまうと、面食らってしまいます。ただ、だからと言って才能がないことを「諦める言い訳」

にする必要はなくて、そうなのだとしたらもっと正面から**「才能がない」ということを自覚できる人のほうが、きっと長く仕事に愛されるんだと思っています。**

過不足なく自分の才能と向き合うことは残酷ですが、とても大事なことです。才能があると思い続けてあがくのではなく、**いい意味で諦めて、自分の立ち位置を明らかにすることで違う道が開けることもあります。**

見た目で損をしないために

「ママはいつも言ってた。靴を見ればその人についてわかるって」

これは、大好きな映画「フォレスト・ガンプ／一期一会」にて、主人公のガンプが言っていた名言の1つ。

僕はファッションに詳しいタイプの人間ではありません。「着られるなら、まあいいか」と思ってしまうから、放っておいたら往年の吉田栄作よろしく、ずーっとジーンズ、Tシャツ、スニーカーの出で立ちでおります（それが意外に悪くないわけですが）。

そんな僕でも、キャリアを重ねるにつれてそうも言っていられなくなりました。どの業界も同じなのかもしれませんが、**人はまずガッツリと「見た目」で判断されるからです。**それは、生まれ持った身なりも含めて、です。

「自分に合っていないサイズの服を適当に着てくる人」
「毎日同じデニムを履いている人」
「北欧のあのブランドをさりげなく取り入れている人」
「ブランド物で主張する人」

これらは全て、その人の自己表現であると周囲には認識されています。**仕事の中身でジャッジされる前に、人は無意識にこのような「見た目」によるジャッジがなされるのです。**ジャッジという言い方が合っているかわかりませんが、無意識に何かしらの判断をされているのは間違いないし、逆に相手に対して自分がジャッジを下していることもあると思います。

どんな仕事でも人と触れ合い、向き合う瞬間はあると思います。相手のことを見た目や第一印象でジャッジするなんてよくない！と思いつつ、人はちゃんと見た目でも判断するものですよね。

そういう曖昧さをはねのける才能や実力があれば関係ないのかもしれませんが、才能や**実力を見せるステージにたどり着く前にネガなイメージを与えると、損しかありません。**

放送作家を始めたばかりの頃、名刺を配りながら「どんな仕事でもやります！」と頭を下げて回る日々を送っていました。運よく声をかけていただいて、先方が最初に目を留めるのは僕の見た目の印象です。駆け出しの僕がどんな仕事をするのかわからないんだから、見た目でジャッジするのは当たり前のことです。

ファッションが苦手な僕は「オシャレになること」は諦めましたが「マイナスにならない」という点だけは気をつけていました。若い頃は特に「舐められない」ことがとても大事でした。

放送作家というのはスキルが数値化されにくい仕事です。そういう状況で誰かと仕事をする時に、見た目に気を配ることによって「この人は細かいところまで気を配る、こだわりを大事にする人なのだ」という印象を持ってもらうことにも繋がります。

もちろん、見た目と仕事が関連しているかどうかは別の話です。見た目が小綺麗だからといって実務面でも有能かどうかは関係ないかもしれない。

ただ！　それでも！　**仕事仲間や仕事相手に好印象を与えることは、損になりません。**不潔な人より清潔な人と仕事したいですよね？　しかめっ面の人より笑顔の人と仕事したいですよね？（これは僕はできていませんが（笑））。

「うわー、そこまで考えて着るもの選ぶなんてめんどくせえな」と思ったあなた。そうなんです、めんどくさいんです！　ファッションが得意ではない僕のような人間にとって、身なりを気にすることはとてもめんどくさい。

それでも僕が身なりを気にするのは、よい印象を持ってもらうと仕事がやりやすくなるからです。**極端な話、同じ仕事をしても、見た目によって評価が変わってくることもあると思います。**

業界の先輩である双津ディレクターから、見た目についてアドバイスをいただいたことがあります。

「サトミツさん、まずは靴です。そこだけ気をつけましょう」

「若いADさんのように靴をボロボロになるまで履き続けるのは避けてください」

このアドバイスを僕は今も守っています。


そして、僕と同じようにオシャレに無頓着な方にも「まずは靴です」という双津さんの言葉をそのままお伝えしたい。

「服はサイズだけ合っていればシンプルでOK。靴にだけお金をかけてください。ブランド物を買う必要はありません。スニーカー好きが認めるスニーカーを履いてください」と言われて実践しています。それだけでだいぶ与える印象は変わったりします、不思議なものですが。

実は、最初に書いた映画の名言は、双津さんからアドバイスをいただいた時に僕の頭に浮かんだセリフでした。

でも、双津さんはもっとオシャレな映画の名言を引用していたのだけど忘れました。なんだったかな。この引き出しの差も大きいですよね。

自分基準で考える

「信頼される人間になりましょう」
「みんなから愛される人間になりましょう」

そんなフレーズを耳にすることも多くあります。しかし、僕自身は、こんな言葉が聞こえないフリをしてやり過ごしながら仕事をしています。なぜなら「それを目的にすること」は無理だからです。

「誰かが自分のことを信頼してくれる」という場合、主語となっているのは自分ではない「誰か」、つまり他人です。

他人が主語になっているものをこちらで操作することはそもそも無茶な話。「この人に信頼されたい」と自分がどれだけ願っていても、信頼されるかどうかは相手次第なんです。

もちろん「結果的に周囲の人から信頼される」「結果的にみんなから愛される」というのが喜ばしいことであるのは否定しません。でも、**僕が言いたいのは「他人からの評価を基準にする」と疲れちゃうよね、ということ。**

他人の評価を気にしていると周囲の反応に一喜一憂しないといけなくなるし、評価する側の評価軸が変わった途端に「よかった」ものが「悪くなる」こともある。そんな曖昧で不確かなものを自分の軸にして仕事を進めていくのは恐ろしくもあります。

もっというと僕自身は「他人からの評価なんて、知ったこっちゃない」とすら思ってしまうこともあって、**他人軸で考えることは諦めました。**

そうは言っても現実的には、自分ではない誰かと関わり合いながら進めていくのが仕事というものです。**僕は「他人からの評価」は気にしていませんが、「他人が自分に求めているもの」についてはできるだけ把握しようとしています。**そこを把握した上で「全力で取り組む」ことさえできれば、僕は僕の仕事をしたと言える。

「自分が全力で取り組む」ことと「他人からの評価」は切り分けて考える。

仕事でつらい思いをしている人の中には、こういう切り分けがうまくできていない人もいるのかも、と思ったりもします。

相手の気持ちを想像することはできても操作することはできないので。コントロールできないことに関して悩む時間ってなんだかもったいないですよね。

その上でできることをやってみて、相手がどう思うかはもうお任せ。

いい仕事ができれば、「結果的に」信頼される。そんなところでしょう。

お金以上に大切なこと

僕の場合、結婚して子どもが産まれた頃が経済的に一番厳しい時期でした。放送作家の仕事もしつつ、出役（芸人やトイレ・掃除の専門家など）の仕事もオファーがある限りはやっていました。

今は時代的に難しいのかもしれませんが、当時は「信頼を積むためノーギャラでも現場にお邪魔する」ことがまだギリギリありな時代で、僕も担当番組のいくつかはノーギャラスタートでした。

最近ではそういう働き方を〝やりがい搾取〟と呼んだりするそうです。こういう状況が搾取にあたるのかどうか、それは当人たち次第で周囲がとやかく言うことではないのかもしれないし、僕は搾取されたとは思っていません。もちろん、やりがい搾取だと感じる人たちの意見を否定するつもりもありませんが、僕個人としては「チャンスをもらえてありがたかった」くらいの気持ちです。時代もあるのでしょうね。

「オードリーのオールナイトニッポン」も、僕がスタッフとして関わるようになる最初の入り口は「番組にノーギャラでお邪魔している人」で、そんな状態が数年続きました。言うまでもなく、番組には予算というものがあり、勝手にラジオの現場に来ている僕にギャラをほいほい払う余裕などなかったはずです。

僕も当然「現場に来ているんだからギャラをくれ」などという無粋な要求をするつもりもありません。僕からしたら、ラジオのことを現場で学べる、しかも毎週スタジオに来ることを許してもらえる、そういうメリットしかありませんでしたから。

では、なぜ僕がギャラをもらえるようになったのか。

きっかけは、番組が6年目に入った頃に現場を一回離れたことでした。その時期の僕の頭には、放送作家の大先輩、藤井青銅先生からかつて言われたこんな言葉が浮かんでいました。

「いずれノーギャラだということに番組が甘え始めると思うから、その時は考えたほうがいいよ」

確かに、ノーギャラで当たり前のように来ている人間に対して、突然「お金をこの日から払います」とは誰も思わないわけで。別の角度で言うと、僕がノーギャラだったのは「お金を払ってでも現場にいてほしい」とは思ってもらえなかった、とも言えます。それは大いにこちらの力不足、努力不足だったのでしょう。

その後、僕に声がかかったのは現場を離れてから3年後のことでした。番組の武道館ライブ開催が決定し、オードリーはもちろん、スタッフさんからもお声がけいただき「お金をもらって」番組に再招集されることになります。

そこから、番組における僕の「貢献度」を正当に評価していただけるタームに突入しました。正当な評価というのはお金だけではなく、待遇、処遇、などなど肌で感じる何かも含めたものです。そういう評価をいただけるようになったのはオードリーの2人が推してくれたからというのは間違いありませんが、僕が他（様々なテレビ番組、ラジオ番組など）で経験を積んで帰ってきたことも大きかったかもしれません。

その3年間は子育てをしながら他の現場をたくさん経験してくる、まさに死闘の3年間だったと思います。

オードリーのオールナイトニッポンを離れていた数年の間で、僕は日本テレビ「スッキリ」を、帯（月曜から金曜）で任される唯一の作家になり、様々なラジオ局で様々な番組の構成を担当できるようになっていました。それらの番組やスタッフさんとの関係性は現在も続いています。

その頃の僕には「やりたいこと」とか「やりがい」とか「向いてること」とか「好きなこと」とか「嫌いなこと」とか、そんなことを言っている余裕はありませんでした。とにかく、なんでもかんでも隙があればお仕事をいただき、前向きに取り組んでいく。

雑用もリサーチもこの時期に経験したし、謎に横柄な態度のスタッフさんとも嫌がらず向き合って仕事をしていきました。なぜなら仕事を選んでいる状態ではなかったし、とにかくやれることをやるしかなかったから、です。

そして、妻もいる、子どももいる、という状況のおかげで、「仕事がある喜び」があらゆるキツさをふっとばしてくれた時期でした。こうでもしないと今の僕は存在せず、様々な経験から逃げて終わっていてもおかしくなかった。

Ｊリーグを契約満了（まさに０円提示）になり、トライアウトでもどこにも引っかからなかった選手が単身海外に行き、ある程度の結果を出して戻ってきて、再契約を勝ち取るようなものだったかもしれません。

様々な番組でこのようなことがあり、少しずつ僕は結果的に「信頼」されて「お金をもらう」ようになります。ある程度、経済的に見通しが立った時に、僕は再度「ノーギャラ」の仕事を始めます。それが「やりたかった仕事」でした。

ラジオでの話になりますが、自分で「この人の番組をやりたいな」と思って企画を思いついた場合、知り合いの局員と組んで「番組企画書」を作り、局内の会議にかけてもらいます。

スポンサーが見つかって予算が組めた場合は「仕事」として取り組むことができるので

すが「スポンサーが決まらないけど番組としては面白そう、まずは企画が走りだしてからスポンサーを探す」なんてこともたまにあります。
そんな流れで始まった番組は予算がないのでお金は発生しません。でも「やりたい」気持ちから始まった番組なので後悔はありません。

そして、僕自身が作・演出・出演全てを手掛ける「劇、佐藤満春」もその「お金にはならないけどやっておきたいこと」の1つです。
決してお金にはならないけれど、自分のモノづくりとしてやっておきたいこととしてスタートさせました。大規模なそれではありませんが、僕の等身大で僕の等身大のネタを披露できる貴重な場所です。トイレのボランティア活動などもそうでしょうか。

全ての基準を「お金」に合わせるとこうしたチャンスに巡り合わないこともあります。かといって、仕事は遊びやボランティアではないので、ある程度のお金の線引きが必要なことも確かです。

そのバランスの取り方が非常に難しいところではあるのですが、自分が取り組むことは、すぐにお金に直結しなくても、必ず経験にはなるので、無駄になることはないと思っています。

経験を積むための時間の投資として、その瞬間はお金にならないけどやっておいたほうがいいこと、取り組むべきことは存在する。そんな風に考えておくと、自分のチャンスが広がることもあると言えるでしょう。

数字に執着しない

20代、お笑い芸人としての活動をして、30代、放送作家としての仕事をスタートさせ、40代前半までの15年間は**「自分の24時間×7日間」をどう切り売りするか**ということに必死だったように思います。とにかく隙間があれば仕事を入れる。

「仕事を依頼される」ということで自己肯定感をあげ、時間を失う代わりに少しばかりのお金を手に入れ、生活を安定させることが優先事項だったわけです。30代、40代の読者の多くもそうなのではないでしょうか？　仕事＝人生でそこがアイデンティティでもあったわけですね。

もちろん、そんな働き方をするということは、仕事に多くの時間を費やすことになり、家族と過ごせない時間もありました。うちの家族は生活の安泰・安定を望んでくれていたし、僕が放送作家として成功することをとても喜んでくれていたので、問題が起こりませんでしたが。（今では家族との時間を作るため、毎回強行スケジュールではありますが、家族旅行は年に3～4回は必ず行っています）

ただ、そうやってがむしゃらに働き続けた結果、当たり前ですがやや体調を崩し、ようやく自分の時間軸と向き合うことになりました。もし体調を崩すことがなかったら、延々とこの生活を続けていたことでしょう。

仕事がない時の苦しさを知っているので「仕事ができる喜び」や「自分のスケジュールが埋まっていく喜び」や「頼られる喜び」は生きていく燃料としては十分なものでした。だから、簡単に仕事を手放すという決断がしにくかったところもあります。増えれば増えるほどそれが自分の価値になっていると思い込んでいたところもあったのかもしれません。

しかし、体は気持ちとは裏腹に限界を迎え始めていて、すごく悩みましたが、自分の中での大きな決断として、やれる仕事を整理し、大きく手放す決意をしたのが２０２３年のことです。１年ほどかけてゆっくり、仕事を減らしていきました。

不思議なものでそう決意した途端に、ゆっくり環境は変わっていきました。仕事を手放すというのは、恐怖も伴います。

せっかく依頼してくれた人に申し訳ない。断ったらもう依頼が来ないかもしれない。明らかに収入も減る。また仕事がない時代に戻ってしまったら……？

そんな考えも頭によぎり、仕事がない時代も思い出しました。放送作家の能力は数値化されない、と先ほど書きましたが、担当番組の本数や仕事量という意味では数字化される。でも僕は自分が残した数字に満足しつつ、数字の戦いは一旦終焉とします。そう、自分が納得できればそれでいいんです。

仕事を整理し、手放すにあたっていろいろな葛藤があったのも事実です。ただ、思えば増やそうと思って、たくさんの仕事に恵まれたわけでもないなとも思いました。増えるとか、減るとか、そういうことに執着しなくてもいいのではないかと、結果を見た時にシンプルにそう思えました。

ご縁があれば必ず仕事はまたやってくるだろうし、今できる、できないというのもタイ

ミングによるものだったりします。

いちいち本数や仕事の量に執着をしているとそれこそ自分が壊れてしまう、そう思って僕は自分の意思で仕事を減らし始めました。それは健康的な身体作りをするためだったり、家族と過ごす時間をつくるためだったり、フットサルをやるためだったり、新たな創作物を作るためだったり、します。

その決断からある程度経過した現在、空いた隙間には、今まで読めなかった本を読む時間だったり、ドラマを見る時間だったり、映画を見る時間だったり、思ってもみないような別の仕事だったり、いろんなものが入り込んできました。

これまで何も入ってこられないくらいビッチリだったところに、いろんなものが入ってくる余白ができたんですよね。これってすごく大事なことなのかもしれません。

46歳のこの決断は今の僕にとっては最適解だったと確信しています。50歳の頃には、もう1つ新たなジョブチェンジも考えておりますが、それはまた別の話。

世界が認める行列のできる話題のシュークリームは僕の手柄ではない

例えば、世界の有名シェフも、ミシュランガイドも認める有名なシュークリーム店があったとして、そのシュークリームを考案し、メインで作っているのは何十年もその味を追求して、更に時代に合わせて新感覚のシュークリームを作っている苦労人で人格者の料理人です。

全てはその料理人の実力と努力があって確かな味が評判を呼んだわけです。

僕は、その人気シュークリーム店で評判になっている、シュー生地の混ぜ方担当として、その作業を任されたりしているとします。時に、新作の試食も任されます。食べて味の感想を伝えているだけです。

僕がやっているのはこんなようなことで、食べている人にとっては全く関係ないことですが、その料理人からはしっかりと信頼されてシュー生地を混ぜる作業を担当しています。

そしてその味はもちろん僕の手柄ではありません、が時に世界で表彰される舞台に共に連れていってもらうこともあります。これは運です。

僕は、世界に賞賛されるシュークリームを作る実力も素養もありません。しかし！　運よく素敵な出会いによってその環境まで連れてきてもらいました。各所に感謝しかないわけですが「こうなること」を目標にしてきたわけではありません。

真摯に、実直に、できることと向き合い、自分が大事にしている人にとって恩返しをしていく中で、そんな環境に恵まれました。

将来やりたいことが見つからない、好きなことも特技も見つからないという人は逆の発想ですが、線で考えすぎず一回点で考え、今できることを地道に追求してみるのも悪くないのかもしれません。

「今やっていることが将来何になるんだ？」と考えすぎることは結論が出ないことなので苦しくなっちゃいますよね。だったら、何も考えずに「今」と向き合うことも悪くないのではないかなと。

なんでシュークリーム店で例えたかというと、行列のできるシュークリーム店の厨房の密着ロケのＶＴＲを見て、名のないスタッフさんと自分を勝手に重ね合わせたからです。この人もこの店で働き、仲間に認めてもらうまでにきっと素敵な出会いがあったんだろうな。それもとっても素敵なことで、**誰に賞賛されなくても承認されなくてもその素敵な出会いの中で一緒にモノづくりできる仲間がいるのはとても素敵ですよね。**

ちなみにですが、僕の場合、１から自分でシュークリームを作ることもありますが、店舗は構えてません。数十人の身内に配るくらいであとは限定でネットで販売して終わりです。味は、まあまあ、みたいなところかな。でも、それもいいじゃないですか。

地位と名声と手柄と

「あれは僕がやりました！」
「あの作品は僕が考えました！」

声高に聞こえてくるその宣言にどことなく……いや、はっきりと「自己顕示欲」「承認欲求」が透けてみえた時に冷めたりすることはないでしょうか？

これは僕自身も気をつけているところでもあります。ただ、これまでの担当番組はプロフィールに列挙するし、担当番組のお知らせは毎日のようにするし、出演した番組を告知することも多いです。ですが、告知の場を自分の承認欲求を満たす場所にはしないようにしているつもりです。

口頃から「僕がやりました！」になっちゃっていないか？と自問自答しながらになりま

すがこれ、どこまで気をつければいいんだっけ？と線引きがわからなくなることもあります。たまに考えすぎて、承認欲求をそぎ落とした結果、周りから承認欲求を満たしているように受け取られないか？なんて迷子になることも。

右記の「手柄アピール人間」に嫌悪感を持つのは「事実そうだとしても、そんな主張する必要ないだろ」なのか「自分を大きく見せようとしているだろ」なのか、「手柄を自分の物にしようとすんなよ」なのか……下品な感じがするからですかね。

放送作家・構成作家の仕事をすると多くの作品に関わることになります。そこで多かれ少なかれ、何かしらのお手伝いをすることになるわけですが、ともするとその作品（番組など）が大きな評価を受けることもあります。

そしてその評価が、規模が大きければ大きいほど、そんな人が現れやすくなります。**そこに対してどれだけ自分がドライでいることができるか、慎重にいつも考えています。**

全てのエンタメ作品はチームプレーで完成します。出演者の功績はもちろん、あらゆるスタッフがいないことには作品は世に放たれることはありません。ただ！　**誰のおかげで何が面白かったなんていう評価は見た人が勝手にしたらいいもの**なので、「その評価を取りに行こうとする」という行為自体に違和感があることなのかもしれません。

この本が仮に評価をされても、編集の遠藤さんをはじめチームで作り上げたものであるし、僕が作・演出・出演など全てを担当する舞台「劇、佐藤満春」が何か評価を受けたとしても、共演者やスタッフさんとの共同作業であるので、個人1人の実力で何かが完成するなんてことは（少なくとも僕に関しては）ないものだという話で。

誰かの評価をとること自体を「目的」にすることはハッピーな結果を生みません。

極端な話になるかもしれませんが僕は今この瞬間、家族以外の誰かみんなの記憶から一回忘れられてもいいと思っています（仕事なのでもちろんギャラはいただきますが）。

僕が関わる全ての作品に関して、これまでもこれからも僕の手柄はいりませんし、評価もいりません。ただ、作品がダメだった場合は僕にも原因があるかもしれないのでそこは背負う覚悟はあります。

ただ、みんなが喜んでくれたり、オファーをくれた方から感謝を伝えられたり、とやりがいになることはたくさんあります。そういう意味で、じゃあなんでエッセイ本の2冊目なんて出版するんだ?と言われたら「オファーがあったから」に尽きます。だから、ちゃんと売れる本にしないといけません。

50歳を数年後に控えた今、僕が徹底的にそぎ落とさないといけないものは「執着」です。何もかも、いりません。頼まれたことには徹底的に応えますが。

Q & A

Q

出世欲がないと将来行き詰まるのでしょうか

（ゴドーワード　30歳　営業）

入社して8年。希望の部署に配属はされませんでした。ただ、今の部署でメインの仕事ではないのですが、自分の好きな分野に関連する仕事もできるようになり、やりがいも感じております。給与や勤務時間、会社の人間関係など、不満もなく上司にも恵まれています。

結婚はしておりませんし、彼女もおりません。趣味は充実しております。友だちも少ないですが、おります。

現状で満足をしております。幅広くやってきた分、振り分けが難しい細かい頼まれものが多く、それを処理していると頑張ってるなと言われます。先日、このまま成果をあげていけば上にあげるからなと言われました。

相談したいことなのですが、自分には出世欲がありません。私は自分に頼まれたことは頑張れるのですが、人に頼むなどは苦手で、とても出世して管理職につくなど考えられませんし、考えたくもありません。

考え方、働き方を完全に変えるべきかこのままの自分でいるか。30歳になり、将来のことを考えると不安になります。

A

焦らずに流れに身を任せるのもいいと思います

別の空間に生まれた僕のような方、こんにちは。勝手に共感されたくはないと思うのですがお気持ち、めちゃくちゃ痛感します、染みます。

本当はガストでドリンクバーを飲みながらお話して、もっと突っ込んで話を聞かないと明確なお答えはできないのですが、現状書いていただいたところのみで僕なりのアンサーを。

「出世欲がない」ことに関しまして。

僕も、かねてからこれは悩んでおりました。ただ、残酷なもので年齢を重ねていくと勝手に（もちろん実力もあると思いますがあえていうと）コミュニティ内での立場はあがっていくこともあります。

そういう循環がないと会社が回っていかないので、仕組みとしてそんなもんだと思ってください。「できない上司」が存在するのはそういうことです。

となった場合、出世をする流れになったら、そこでできることをやるしかないと思うんですよね。でもそれでもし役割的に向いてないと誰かが判断したら、それはその時に信頼できる誰かが勝手にジャッジしてくれるものなので、その時はその時で流れに乗ればいいんでしょう。

幸いなことに「出世欲がない」ということは、そこからどんなジャッジをされてもさほど気にならないはずなので、万が一、それで「なんか悔しいな」と思ったらちゃんと社内で評価されたい欲が自分の中に発見できる瞬間でもあるので一旦、流れに身を任せてみてはどうでしょうか？

彼女がいないとか結婚していないことに関してはこればっかりはもう縁なので気にしないでください。ただ1つ言えるのは「誰かのために仕事をしないといけない」ことになった場合、上記のオセロは急にひっくり返るのではと思います。妻のため、子のために「出世したい」「お金を稼ぎたい」そんな風に急に思う未来もあるかもしれない。

そのくらい今の感情は「今の自分の感情」なんだと思うんですよね。

30歳ということはあと50年くらいは生きるわけなので、時には今の自分の感覚もジャッジも一旦横において（あなたにはその余裕がありそうなので）流れに乗ってみて、判断してもいいかもしれませんね。いつかどこかで会えたら詳しく聞かせてください。

Q & A

Q

向いている仕事と好きな仕事どちらをとるか

（Tkmy　23歳　会社員）

自分がやりたい仕事と自分に適した仕事、どちらを選ぶべきなのかがわかりません。

A

結論を出すのは少し早いのかも

とても大きな問題ですよね。ここで1つすごいなと思うのは、あなたが23歳にしてすでに「やりたい仕事」と「適した仕事」（向いてる仕事）」の振り分けをしていると いう点です。

20代くらいまでは無我夢中で何者かになりたくて無策で立ち尽くす……そんなもんだと思っていましたが、そういうことではなさそうですね。ただ、ここで考えてほしいのは本当に今あなたが感じている、

「やりたい仕事に対する適正」

「また別である適性のある仕事」

この2つが、本当に確かなものなのでしょうか？　どちらも、23歳で判断するのはもしかしたら早いかも。

というのは意外にも自分の武器や個性みたいな輪郭をはっきりさせるにはそれなりに時間を要しますし、それなりの「環境」が必要です。なんとなくのイメージですが20代、30代くらいまではそこを整える時間でもいいのではと思います。

ただ、もし誰がどう見ても明確に「適してる仕事」が別であるなら、「仕事にするべき」なのは明らかにそちらになります。なぜなら、お金をもらうということに対する対価として周囲の人を楽にさせることができるのがそちらだから、でしょう。プロサッカー選手の多くが幼少期からその街で頭角を現すのと同じで、あなたがもし何かの分野でそういったケースであるなら、そのまま進んでください。「みんなはやるのが大変だって言うけど自分は全然苦にならないんだよね」ってことに出会えたら、とてもラッキーですよね。

2

仕事の広げ方

信頼される、とは

放送作家になり始めたばかりの頃、いきなり自分のアイデア一本で飯が食えたかというと、そんなことはありませんでした。どの世界でも始めたてのうちは同じなのかもしれません。当時の僕は芸人の仕事をしつつ、流れで「放送作家」という肩書きを手にし、少しずつお仕事をいただけるようになっていきました。

最初はアイデアを出すというよりは、番組に関わる調べものをしたり、資料のコピーや印刷をしたり、そういう雑用の時間のほうが長かったように思います。「企画発案」ができる放送作家の1人としてアイデアを聞いてもらうようになるためには、周りのスタッフさんだったり出演者だったり、様々な方からの信頼を勝ち取るしかありません。これもまた、どの世界でもきっと同じようなものでしょう。

現在の僕は、**キャリアも重ねてそこそこの実績も増えたことで結果的に信頼を勝ち取り、**

アイデアを聞いてもらえる機会は圧倒的に増えたし、意見も通るようになりました。それは僕の過去の担当作品であったり、担当番組の数であったりも含めて「目に見えないけど確実についてくる評価や実績」が増えてきたことに起因すると思っています。人から信頼されて、アイデアや企画の話が通しやすくなるのはもちろん喜ばしいことです。

仮にですが、放送作家として仕事を始めた頃の僕と今の僕がいるとしたら、全く同じアイデアであっても、今の僕のほうが圧倒的に賛同を得やすいわけです。**それは「アイデア」は同じでも、僕という人間の「経験値」が違うからです。**

実際、今の僕には提案を聞き入れてもらいやすい環境があり、誰かに強めに否定されることは年々減ってきました。それは僕のアイデアの精度があがっただけではなく、世間や周囲の人たちからの「見えない評価」が背中を押してくれているおかげです。

最初にあなたに印鑑を押してくれる人は誰なのか?

検討もつきませんが、最初に印鑑がついた途端、同じものを作っていても急に仕事の良い循環が回り始めたりするものです。

信頼は一気に勝ち取れるものではありません。地道に、ゆっくりと、確実に、自分のレベルも高めつつ、周囲との関係性を築いていくことが大事……と思いつつなかなか大変ですよね。まあここは地道に頑張りましょう。

不安との向き合い方、絶望という受け入れ力

会社員ではなくフリーランスとして依頼を受け、ようやくお金をもらうという生活を二十数年送っています。その間に結婚もしたし、子どもも生まれたし、家も買って、車も買って、何台も乗り換えたりもしました。

もちろんその前の期間に風呂無し4畳半の共同玄関・共同トイレのアパートに住んでいる数年間もありましたし、20代の数年間はほぼ収入らしい収入はありませんでした。

会社員でさえ終身雇用なんてことがなくなった時代においてフリーランスでいることは「この先どうなるかわからない」という点においては不安だらけ、心配なことだらけ、です。

SNSが流行り、それぞれの持ち合わせているものがより可視化されるようになり、嫉妬やネガにまみれる人が増えたように思います。

人間はちゃんと不平等です。生まれ持った見た目、センス、家庭、環境、全て不平等です。しかし、みんな平等に同じような「不安・心配」を抱えるのも事実です。

そしてどんな人でも「病気にならないか」「家族に何か起こらないか」「貯金がなくなってしまわないか」「事故に遭わないか」「恋人にふられないか」などなど心配なこと・不安なことは付きまといます。どんなにお金があって、どんなに成功しているようにみえても、です。

そうなると、多かれ少なかれ、状況や立場が変わっても心配や不安はどんな状況でも付きまとうことになりますよね。その心情は生きている証でもあり、燃料にするくらいしか置き場がありません。

僕自身も不安だから、心配性だからこそ、先を見越した丁寧な仕事をします。「3か月後に担当番組がゼロになる可能性がある」前提で今日の仕事を頑張るしかないし、新しい企画を考えておくしかないのです。

向上心を持つことは大事です。が！　何かの目標を達成したり、何かの立場を獲得したり、多額のお金を手に入れても数週間後にはちゃんと同じような不安とちゃんと出会います。ということは「＠＠＠が叶えば幸せになる」「＠＠＠になれば不安が解消される」というのは幻想ということでしょう。

今、別に楽しくないのは結構ですし僕自身も別に今が最高！　ハッピー楽しい！　なんてテンションで生きていません。別に楽しくはないです。ただ、未来のことで自分に幸せの条件を課すことにはしていません。

やりたいことはやる、ただ、それをやった見返りに「幸せ」を求めることはしません。**その瞬間やってよかった！で、終わりです。**どれだけ大成功した大きな仕事があったとしても、僕は次の日には通常通り何もなかったかのように始発で朝の情報番組の仕事に行くわけです。**最高だったライブも日常、通常の仕事も日常。**

不安や不満はどうしたって生まれるでしょう。いつまで満たされない穴のあいたコップに水を注ぎ続けるのでしょうか。幸せかどうかは自分で決めてください。決して未来の話ではなく、今の幸せをどう見つけるか。もちろん、今が幸せなんてことは1ミリも思えない状況の人もいるでしょう。ただ、それが永遠に続くものでもありませんし、今100％

幸せだという人もそれが永遠に続くものではないことを自覚しておくしかなさそうです。となると、「今日、めんどくせえなと思いながらちゃんと起きて、着いた職場でお茶を飲んだらなんか美味しかった」くらいでも全然いいんじゃないですかね。

自分自身の希少価値を高める

改めてとはなりますが、僕は今、メインの仕事として放送作家としてご飯を食べています。字面はかっこいいけど、いったいどんなことをしているのか。おそらくどれだけ説明しても本当のところは伝わらないだろうと思っています。番組によって役割も作業も大きく違うからでしょうか。

働き方のパターンやこれが正解、という型もなく、人によりタイプも様々です。今の世の中でいうと、どんな職種でもそうした「数値化されにくい」仕事が増えていて、その中でそれぞれに求められるスキルも、能力もポテンシャルも本当に幅広くなっているように思います。

だからこそ、働く上で必要になってくるのが自分を「客観視」する姿勢と、「希少価値」の高め方なのではないかと、作家を始めた頃から考え続けています。

僕はもともと、お笑い芸人として仕事をスタートさせました。最初は仕事なんて言えたものではなく、芸人というよりバイトメインで食いつないでいましたが、一時、ネタ番組への出演をきっかけに仕事をいただけるようになり、なんとなく認知される程度にはなり、「どきどきキャンプ」というコンビ名も世の中に広がりました。

しかし、そこで僕は自分自身のお笑いの才能と向き合い、自分には向いていない仕事が多いことを実感します。その結果、今のメインの仕事である「放送作家」に舵を切ることとなります。

芸人から作家業を始める人は、この世界では割と多く、僕も自分ができることを冷静に検討した結果、自然な流れで放送作家としての仕事を始めました。なので、「芸人×放送作家」は割と定番のキャリアチェンジ。「面白いことを考える」という点ではとても近しいからです。

ただ、現役の芸人として放送作家業をスタートさせる人は（少なくとも当時は）とても少数で、ややありえないことでもありました。

逆に言うととても希少価値があるということにもなりますよね。そこはラッキーでした。

もちろんそれだけで仕事が来るほど甘い世界ではありません。

そんな環境下で、仕事をもらえるようになり、戦えるようになるためには、自分が持っているものに、何かを掛け合わせ、**わざわざ「佐藤満春」に何かしらの仕事を依頼したいと周囲に思ってもらうためのフックが必要でした。**

では、どうしたら自分の価値があがるのか？

僕の場合は、もともと大好きだったトイレや掃除というジャンルを熱心に研究することで、**他の人が持たない特性を掛け合わせました。**熱のあることは勉強することも苦になりません。

トイレや掃除に関する情報を整理し、学び、自分でイベントを開催したり、そういう発信をしたりして、人に伝える訓練も怠りませんでした。これは、仕事にするためです。

僕は、そうしてトイレや掃除の専門家という肩書きも手に入れることができました。

これでようやく他の人にはない「希少価値」が生まれました。芸人兼放送作家兼トイレ・掃除の専門家はおそらく日本で僕だけです。今ではトイレや掃除に関する6冊の著書も出しています。

僕には圧倒的なセンスや、華、天才的な能力はありません。そんな、**いわば普通の人間が、仕事を途絶えさせずに周囲から求めてもらえるようになるには、自分に希少価値・付加価値をつけていくしかない、ということになります。**

あなたが今もし、働き方や自分自身のキャリアに悩んでいて、このままではいけない……と感じているなら、自分にどんな付加価値がつけられるかを考えてみてください。普通の人が、他の人と同じように働くだけでは、埋もれてしまいます。**相手があなたに仕事を依頼したくなる理由をつくる必要があります。**

自分の付加価値の見つけ方に悩む時は次のことを意識してみると、考えやすくなるのではないかと思います。

①自分がどんな人間で、何に熱を持てるのか
②自分の興味があることは世間的に需要があることなのか
③それを学んだ先に、どういう仕事が得られそうか
④他にライバルがいないか

また、**僕の場合は「トイレ・掃除」という組み合わせのほかに「芸人＝出役」としての経験値もある、というところも加えて活用できる付加価値の1つでした。**

放送作家はいわば裏方の仕事ですが、作家が企画を組み立てる時に意識しないといけないのは制作側の意向、視聴者、出役の三者です。出役も裏方も経験しているからこそ、そのどちらの目線も持ち合わせているので、比較的スムーズにいろいろな調整がしやすいというのも自分の強みになりました。

一点集中で突破できるのは、極端に言うと才能も持ち合わせ、そこの努力も惜しむことなくできる人、そして運もちゃんと持ち合わせている人だけでしょうか。ただ、どんな人でも何かの掛け合わせ次第で、それはあなたにしかない価値になります。

凡人だからこんなことしかできない、などと白旗をあげるのではなく、**凡人だからこそ、どうすれば幅を広げられるのかを考えてみましょう。**

希少性の磨き方

僕が仕事を始めた時には〝現役の芸人×放送作家〟という肩書きを持っているのは結構レアだったとお伝えしました。でも、昔と違って今はマルチタスクが推奨されていたり、副業も精力的にこなす人が多い時代。僕と同じような肩書きを持つ人は以前より増えただろうと思います。

ただ、この芸人と放送作家という肩書きのほかにも、僕は〝トイレ専門家〟や〝掃除専門家〟の一面も持っています。もちろん、トイレと掃除について僕より詳しい人やプロは他にもたくさんいるとは思いますが、芸人もやって、放送作家もして、トイレや掃除の専門家として働く……この4つを併せ持っているのは、現時点ではきっと世界で僕ぐらいでしょう。

今だったら会社員をしながらＹｏｕＴｕｂｅｒをしているとか、弁護士をしながら芸人さんとしても活躍するとか、そういう掛け合わせの仕事をしている人も増えていますよね。

自分自身の希少性を高めることで得られるメリットは2つあります。

1つは〝僕だから〟というオリジナリティーを高められるということ。

僕の場合は、芸人と放送作家は面白いことを考えるというくくりで考えると同じ方向性ですが、そこから遠く離れたトイレや掃除の専門家というジャンルを開拓できたことで、僕だけのオリジナリティーが生まれました。

また、裏方でもありながら出役のベースがそもそもあったことで、芸人×トイレ専門家、放送作家×ラジオパーソナリティ……など、中身を考えながらもアウトプットもできるという一石二鳥感のある役割をいただくことも増えました。

そういうオリジナリティーが育った時に、スムーズに仕事を進めることができ、周りから面白がってもらうことも増えていきました。

もう1つのメリットは希少性を高めた結果、自分を支えてくれる仕事の軸が複数でき、仕事が安定しやすくなった。そして、自分の強みが見える化し、把握できるようになった

ということ。

お笑いや掃除関連以外にも、僕を形成するポイントはサッカーが好きとか、町田に住んでいること、テレビ、ラジオ両方の作家をしていること、出役をしていること……など、そういう細々とした要素も、今の僕の仕事を支えてくれています。**自分に紐づく仕事の幅が広がることはそれだけ生活の安定にも繋がります。**

この話の冒頭でも触れましたが、昔は1つの仕事を追求して技術を高めていく仕事こそ価値が高い時代もありましたし、今もそう判断されることもあります。

そんな中で、僕は芸人でテレビスターになることは早くから諦めていました。ひな壇に座ってリアクションを求められるのも自分の性に合わないので諦めていました。だけど、舞台に立つのは好きだし、面白いことを考えることは好きだなと。

自分の実力に絶望して一気に様々なものをやめる選択肢ももちろんありましたが、そこで「じゃあ自分ができることはなんだ？　何なら仕事にできる？」と絶望した上で考えた結果、放送作家のお仕事は自分のベースと近そうだ、修行してみるか、とすごく自然に流れてきて、そこからあれよあれよと仕事も広がりたどり着いたのが今です。そのくらい最初はライトな入り方でしたが、その選択がなかったら間違いなく今はないと思います。

ただ、**希少性だけを求めて自分のオリジナリティーを身につけても、好きなことじゃないと簡単に周囲に見透かされてしまいます。**希少性を見出すことは大事、だけどどのジャンルにおいてもまず自分の熱先行であるべき。

熱のあるものを信じて突き進みアウトプットできるまで形にする。

そして結果的にそこに希少性が生まれ、結果的に武器になります。

まずはその熱源を探ることじゃないでしょうか。

自分の価値とは

番組の評価や、視聴率は気にしていても〝僕自身〟の評価は正直どうでもいいと思っています。僕の本音だけを言うなら、番組が成功したり、数字が取れたり、面白いものができたりすれば、僕が関わったかどうかなんて誰に知られなくたって構わない。

エンドロールに名前が流れなくても、何にも関わってない感じで扱われたとしてもいいと思っています。ただ、僕自身の想いとは裏腹に「名を知られている」ことが役立つ場合もあります。

例えばSNS。僕には放送作家以外にも、芸人、脚本家、トイレや掃除の専門家などいろいろな肩書きがあるので、そのどれかから偶然僕を知ってSNSをフォローしてもらえるケースもあります。

芸能やタレント業をしていれば、SNSのフォロワーがある程度いても不思議はありません。しかし、放送作家となると話は別です。
例えば、僕に仕事を頼もうか悩んでいる人がいたとします。僕のＳＮＳを見てみると、フォロワーが意外にも多い。すると、番組の宣伝をこの人にしてもらえたら広まるかもしれない！とお仕事を依頼する側が勝手に思ってくれたりします。

僕自身は芸人としてはフォロワーが多いほうではないと思いますが、放送作家としては多いほうに分類されるのでしょう。番組の宣伝をこまめにして少しでも貢献できたらプラスになりますし、実はそこも僕の強みだったりする、そんな時代かもしれません。
数値化できない仕事ゆえ、そこも強みにはなるんでしょうかね。

ＳＮＳの数字が少ないよりは多いほうが番組の告知をする時にプラスに働く。マストではないけれど、持っていて損にならないものではありますよね。顔も名前も実態もわからない放送作家よりも、「誰か」がわかっているとなんとなく見てみようという気になる人もいるかもしれない。もちろんこれはそうなりたいと思って狙って行ったことではないですが、今現在僕のバリューの１つにはなっています。

発信をすることで、僕自身の人柄、仕事の輪郭が人に自然と伝わりやすくなったり、僕の得意な領域が勝手に知られていったり……そんなことで仕事が増えてきた実感もあります。

仕事において、何が自分のバリューになるかはわかりません。本心では「全く名前が知られない世界線で活動してみたい」と思いながらも名を出すことをやめられないのはそういった側面が影響しています。

使える手札が1つでも多くあれば、それは働く上で気がつくと役に立っていることもあります。一見すると小さなことかもしれませんが、小さくても数があれば戦えるシーンも増えます。

他の人も同じようにやっていても、掛け合わせで自分のほうが強い手札になることもあります。なので、**自分のバリュー＝価値となるものを見つけたらぜひそれを続けてみてください。**

得意なことで楽していい。しかし……

得意なことを仕事にするのは、自分のためでもあり、仕事を依頼してくれる人のためでもあります。得意なことである程度の仕事を固められると、自分自身も楽ができます。それは、得意だったり、自分にマッチしていることであればあるほど、相手から求められた期待よりも依頼をいい形にできる可能性が高まるからです。

自分が苦手な分野で、求められているものより一歩先の形を提供するのは難しいです。及第点を出すのがやっと。技術的な難しさももちろんありますが、何より自分の熱量がついてきません。

そこに時間をかけるなら得意なことをしてお金を稼ぎたい。それはつまり、自分を楽にさせることにも繋がります。例えば自分の得意領域であれば「こういう企画を入れたほうがもっと楽しんでもらえるんじゃないかとか」「ここにこれを加えたらもっと面白くなりそう」とかアイデアが枯渇することなく浮かんできやすいと思います。

自分が得意なことであればどんどん仕事において前のめりに稼働ができるので、例えば相手から100を求められたとしても、100以上の成果をおのずと導きやすくなると思うんです。

好きだし挑戦したいという気持ちは強いが、実は苦手だなあということに無理にしがみつく必要はありません。


ただ、自分の元にくる全ての仕事に対して、好きとか得意という認識を持っているかというとそうではありません。**このジャンルについては好きでもないし得意でもないなと思いながら引き受ける時もあります。**

それは「依頼をしてくれる人の判断を信じている」からです。

依頼を受けた段階で僕の中では難しいのでは……と思うようなジャンルでも。

少なくともその依頼をくれた方にとっては「佐藤に適している」と思ってくれたのだとしたらチャレンジしてもいいわけですよね。

そして、そういった依頼が僕自身の新たな魅力を浮き彫りにしてくれたりもします。

自分の好きなことだけを選び取って仕事をするのも1つの考え方だとは思いますが、そんなに決め込む必要もない。「好きなことをしていないから不幸だ」とか思ったこともないし、目の前にこの仕事しかないいんだったらやるか、というのを積み重ねた結果今があると思っています。その上で自分の強みが見えてくることなのでしょう。

いきなり自分の好きなこと・得意なことがはっきりわかるものではないでしょうから、まずは幅広く、周囲の声を聞きながら冷静に自分を見つめることも大事なのかもしれません。

続けることと成長曲線

中学生時代に「伊集院光のOh！デカナイト」という夜10時台の帯番組を聞き始めたことで今の仕事を目指し、現在地におります。

37歳の頃、bayfmの構成の仕事を1年間やったご縁で夜帯のラジオ番組のオーディションに参加し合格。そこから5年間、火曜22〜23時の生放送のパーソナリティを担当しました。

その番組終了から数か月後、こちらもご縁があってInterFMでラジオ番組がスタート。4年間、木曜22〜23時の生放送を担当しました。

どちらの番組も、憧れだった時間帯で生放送のパーソナリティを務めるという、僕にとっては夢が叶ったと思えるお仕事でした。きりよく「10年」と言えたらよかったのですが、5年と4年なので計9年続けてきました。

この9年の経験によって、僕は「生放送を難なくこなす」という〝ラジオ筋力〟をつけることに成功しました。

特段、面白い話をするわけではありませんが「難なく」生放送をする筋力は、数年間生放送を経験すると（ある程度の適性がある人であれば誰でも）つけることができます。ただ、この経験をできるチャンスに恵まれる人が少ないというのも事実です。僕のラジオ筋力はこの9年間、特にここ数年の間にぐいっと成長することになりました。

実は一昨年、夜の人気帯番組のラジオパーソナリティオーディションに参加しました。最終選考まで残った結果、落選となりました。合格した方は僕よりも一回りも二回りも年下の方でした。

そこで気がついたのですが、僕のラジオパーソナリティとしての成長曲線は現在、平行線をたどっています。これ以上の人材にはなりません。残念ながら。オーディションの場で僕にできるのは、これくらいのことはできますよ、という提示であって、将来の可能性を見せることはできなかったのだと思います。

経験者である僕と違って、経験をこれから積んでいこうという人たちは違います。今はそうじゃなくても、将来もしかしたらラジオ界を震撼させる天才ラジオパーソナリティになる可能性があるのです。選考する側からすると、可能性があるほうにベットするのは当たり前ですよね。

だからといって僕が落ち込む必要は全くない、とも思います。僕自身は他の人がほぼ経験できないであろう「9年間、22時～23時の生放送を、自分で原稿を書いて、自分でパーソナリティを担当する」という経験を積み上げてきました。

この経験は今後のラジオ生活で、どう考えても生きてくるでしょう。**どんなラジオ放送作家でも、この経験をしている人はほぼいません。ある意味これも僕の希少価値であり、付加価値です。**

成長することはもちろん大事です。ですが、**成長曲線が順調に伸びる時期を過ぎたとしても、そこまでに得た経験が揺るぎないものとなり、自分の支えとなる**はずです。そして、どこかで得た経験は全く別のジャンル、別のフィールドでも役に立つことがあるのも面白いところです。

仕事をする理由

2023年2月に自伝的エッセイ「スターにはなれませんでしたが」の本を出版した当時は放送作家として担当しているレギュラー番組は19。その後、「オードリーのオールナイトニッポン 東京ドーム」のライブの打ち合わせを週3、4回しながらも依頼は増え続けピーク時で特番合わせて23本の番組を担当していました。

20代、お笑い芸人としての活動をして、30代、放送作家としての仕事をスタートさせ、40代前半までの15年間は「自分の24時間×7日間」をどう切り売りするかということに必死だったように思います。とにかく隙間があれば仕事を入れる。「仕事を依頼される」ということで自己肯定感を上げ、時間を失う代わりに少しばかりのお金を手に入れ、生活を安定させることが優先事項だったわけです。30代、40代の読者の多くもそうなのではないでしょうか？　仕事＝人生でそこがアイデンティティでもありました。

それはそれで大切な時期ではあると思いますが、46歳になり何かの転換期であると感じています。仕事をとにかく詰め込むことから、その執着から一旦離れ、次に自分がチャレンジするべきことに向かっていこうと思っています。

夢や職業を考えた時に、たった1つの目標に向かうというのは、すごくシンプルな構図だと思います。ただ、夢や仕事は1つじゃなくてもいいですよね。

今回は仕事のことに限った話をしていますが、趣味のサッカーをやり続ける人生も素晴らしいいし、地域に貢献する生き方も素晴らしいわけで。

仕事に関してもたくさんの夢や希望ややりたいことがあったって、そしてそれが世の中的な価値がなくたって、問題ないわけです。もっというと仕事をする理由に夢がなくてもいいじゃないですか。

Q & A

Q

仕事の適正な価格とは？

（ハチ公わんわん　53歳　バッグ職人）

サトミツさん、こんにちは。私は自分でデザインしたバッグを製作してネット販売する仕事をしています。仕事をする上で、どうしても利益が必要ですが、お客様には、なるべく安く手にとってほしいと思う気持ちもあり、ギリギリの価格設定をしてしまいます。でも、それは自分の自信のなさの言い訳のような気もします。

他の作家の方の作品を見て、結構とってるなーなんて、思ってしまうこともあります。サトミツさんが、自分の仕事の価格設定をするときは、どんなモチベーションでしていますか。

例えば、この仕事はやりたいから、お求めやすくしよう。この仕事は好みではないけど、金額次第で頑張れる、みたいなことはありますか？

A

収入源かモノづくりかで考えてみる

こんにちは、これは本当に難しい問題ですよね。大好きなバッグ製作で「一儲けしてやろう」とか「一旗揚げしてやろう」という野心よりも「いいバッグをいいユーザーに使ってほしい」というところがモノづくりをする上で必要な、ピュアなものを大事にされているところ、とても素敵だと思います。

さて、僕の話でいうと放送作家の世界も同じようなことはあります。番組の構成のお仕事を数ある放送作家から僕にふってくれた喜びと感謝の気持ちが強すぎてお金のことは後回しにしてしまいます。

僕らの業界は（謎なんですが）仕事が終わった後に「今回、このくらいの金額でお願いできますか？」と言われることが多いです。その時点で僕の中では仕事が終わっているため「はいはい、なんでもいいっすよ」なんて返事をしてしまうことも多い。ただ、これは現状「生活できる以上のある程度の収入は入ってくる見込みがあるから」こんなことが言えるのかもしれません。そして別に欲しい物もないし、行きたい場所もないから生活さえできちゃえばいいなと、思っちゃうからなんでしょう。

ただ、これはプロとしてはどうなんだろう。と思うこともあります。「この金額以上のことはやったよね」と思えばもっと価格交渉に強気に出てもいいはずですし、最初に金額提示をもらって仕事を引き受けるかどうか判断する際「僕が携わるなら絶対いい番組にするのでこのくらいはください」と提案してもいいはずなんです。

あなたと同様、僕も別に僕自身の仕事にそこまで自信がない、そしてプライドもないのかもしれません。でも頼ってくれる人には「佐藤に頼んでよかった」とは絶対思ってもらいたいし、いい番組にして出演者にも視聴者にも喜んでもらいたい。あなたが「なるべくお手頃にいいバッグを使ってほしい」と思う気持ちと近しいのかもしれません。

しかし、今年からその線引きをシビアにしてみました。それは体調を崩したことで時間をつくる必要ができたからです。生活していく中で体調管理の時間に充てようや家族と過ごす時間に充てようと思った場合、仕事の時間が限られるので自然に単価をあげざるをえませんでした。ですが仕事の依頼が減ることもありませんでした。

番組によっては予算がないことも多いので、この人との番組は収入源というよりはモノづくり（劇公演を作るのと同じ）という感覚だな、というものはお金にならないまま続けていたりします。

僕の場合はある数本の番組だけで生活の収入源は確保できているので、そのあたりのジャッジはとてもしやすいです。

ということでいうと収入源とモノづくりのバランスなのかもしれませんね。あなたにとっていいバッグづくりはどちらにあたりますか？　これからもいいバッグを作り続けてください。

Q & A

Q

自分の意見が間違って伝わってしまう

（おおみやのひなた　28歳　会社員）

仕事の際、いろんな人に意見を伝える時に誤った認識で伝わってしまうことがあります。私が相手に仕事の報告をする時もうまく伝わらずいろんな方に迷惑をかけてしまうことも。改善策として本を読み、きちんと伝えられるように取り組むもうまくいきません。サトミツさんが相手に意見を伝える上で一番大事にしていること・工夫していることがあれば教えていただけますと幸いです。

A

伝える順番を意識する

質問ありがとうございます。これもあるあるですね。「そういう意味じゃなかったけどな」という。

生放送を担当する上で、意図が伝わらずミスが起こるのはずっと注意しています。僕が意識しているのは「結論」を先に伝えること。

1「ここはこうしたい or こうしましょう」

2「なぜなら……」

信頼関係が確かなら生放送中に無駄な時間が取れない中、①で完結します。ここで引っかかった人は理由である②を聞こうとする集中力が生まれ、会話のターンは最小限になり、相手の意図も即座にくみ取ることができます。

時間のない中で②から入ってしまうと「何が言いたいんだっけ？」と混乱を招くことも。まずはチーム内での信頼を勝ち取る必要がありますがその作業は「日常」「当たり前のように」行われることなので一回置いておきますね。

自分の意図を伝える時には意識的に自分の話すターンを短くしてみてください。思ったより相手に届いてない場合、そのエラーを早めに回収するには「相手の話を聞く」時間も必要なので。

3

暗躍する
ということ

暗躍とは

いつからか自然と「また暗躍してるね」なんて周囲から言われるようになりました。最近ではイジリのように言われているので、どこまで本気でそう思われているのかは疑問ですが、いろんな人から同じような印象を持たれているようなので、きっと周りからはそう見えているんだろうなというのが僕の実感です。

この暗躍については自分で意識しているわけでも全くなく、結果、そうした言葉をかけてもらうことが増えたというだけです。僕は自分自身が注目されたいと思うことはなく、作家業に関してはまずは依頼してくれた人が納得できる仕事で恩返しすること、そして出演者が楽しむことを意識しているのですが、どうやら「楽しんでほしい」と思ったがゆえにしている僕の行動を見て、周りの人は「また暗躍しているな」と思うみたいです。

その結果「誰も気がつかないかもしれないけど、やっておいたほうが絶対結果的にはよいであろうこと」を、自分の経験則から逆算して拾い落とさずに対応できるようになりました。

これらは自分が好きでやっているだけなので、誰にも理解されないまま終わっていくことのほうが多いのですが、そんなことをこっそりやって、番組やイベントが成功していく様子を見守ることが僕の仕事だったりします。

わかってくれる人がいてくれるだけでラッキーくらいの気持ちでいいなと思いつつ「暗躍してたな」と言われるのはちゃんとわかってくれる人がいる、ということなのでとても幸運な人生だなと思うわけです。

「裏方」「モブ」とは何か

ここ数年「裏方とは何か？」「モブに生きる」といったテーマの取材を受けることが増えました。さすが、元祖「じゃないほう芸人」といったところでしょうか。大変ありがたいお話です。

さて、ここ数年でよく耳にするようになった「モブ」とはいったいどんな意味なのでしょうか？　インターネットで調べてみました。

どこにでもいそうで特徴がない人・キャラが立っておらず目立ってない人・学校や会社などで発言することが少なく影の薄い存在の人のことを意味する表現。

もともとは、アニメやゲームなどでメインストーリーに関わらない群衆や、名前がないその他大勢のキャラクターのことをモブキャラクター（モブキャラ）と呼ぶことに由来する、とのことです。いろんな解釈がありそうですが概ねこんなところでしょうか。

僕自身は自分が主人公だなと思ったことはもちろん一回もないですし、これまで自分が作った本とか、舞台とか以外に関しては、自分自身はあくまで外側。自分が中心で何かが動いたことはないと思います。

基本的には誰かや何かのサポートだったり、アイデア出しをすることを仕事にしています。そうした動き方が後に周りから「佐藤が暗躍している」と言われる所以なのかもしれないなと思います。

これからの人生でもおそらく「佐藤満春・全国ドームツアー」もないし「佐藤満春密着！これからを語る」みたいなドキュメント番組も放送されることはないでしょう。ただ、誰かの大きなライブの構成を担当したり、誰かのドキュメンタリーの構成を担当する可能性はもちろんあります。それが僕の仕事です。

まだ世の中に「モブ」なんていう言葉が浸透する前の出来事ですが、2011年に「アメトーーク！」の「じゃないほう芸人」という企画に出演し「キングオブじゃないほう芸人」に選出していただきました。

これは「目立たない」ということが自分の武器になった瞬間で、日陰と日向がその瞬間、あの空間だけは逆転していたわけです。ありがたい話ですが。人生においてこういう瞬間は時々、訪れます。

だからといって「じゃないほう芸人です！」「モブです！」と誇りに感じることもないし、卑下する必要もありません。「主人公じゃない人生なんて悲しい！」とも思わないし「モブでもいいじゃねえか！　最高！」とも思いませんし。ただシンプルに、僕が置かれて活躍できる場所として「目立たない場所」がしっくりきていたというだけの話です。

悔しさもありませんし、かといって、嬉しくもないです。全ては「まあ、こんなもんだな」といったところ。全く悲観的に捉えることはないし、悪いことだとも思う必要はありません。


世の中には主人公もいれば、モブも存在します。モブがいるから、主人公がいるとも言える、単純に役割の違いです。

本書のサブタイトルは「暗躍する仕事術」なわけですが、**暗躍ということは人からはほぼ、その動きを知られることがありません。**でもそれでいいんです。だって、成し遂げた事実は必ずそこにあって、**自分の暗躍で何かがうまくいけばそれでいいじゃないですか。**自分がわかっていればいいんです。

そう考えると誰とも比べなくて済みますし、自分が納得のいく仕事ができるようになると思います。

承認されなくてもいい

承認欲求とは「自分を見てほしい」「誰かに褒めてほしい」というような「他者から認められたい」という欲求のことだそうです。

僕自身も、お笑い芸人だったりラジオパーソナリティだったり、「顔」をさらけだして作品を世に出している時点で、結構な承認欲求が自分の中にちゃんとあると感じています。承認欲求があるからこそこういった本を出版する機会に恵まれた、と言える気もします。

芸能の世界で活動している限り、承認欲求にまみれた人たちの中で競争をすることは避けられません。いや、芸能の世界だけに限ったことではないかもしれません。SNSの投稿におけるインプレッションや「いいね！」を稼ぐことも承認欲求の1つ。もしかしたら、食欲や性欲と同じように当たり前のものとして、承認欲求は我々の生活に入り込んでいるのかも、と思ったり。

そうしたものと同じくらい当たり前の欲求だとしたら、承認欲求自体は悪いものではないはずです。むしろ、それがエンジンになってとんでもない作品を作り上げる人がいるだろうし、エネルギーやモチベーションの源として承認欲求は非常に頼もしい存在でもあります。

……のはずなのですが、どことなくネガに語られがちなのが「承認欲求」というワード。**僕は承認欲求そのものが問題なのではなく、承認欲求をどうやって満たすのか、そこに問題が潜んでいるのではと思っています。**

例えばSNS。高級ブランドのロゴがどかんと入った衣服とアクセサリーに身を包み、外車のボディがちらりと写り込んだ写真がアップされているのを見て「品がない」と感じることもあると思います。
「品がない」と感じる人がいるのと同じように「羨ましい」とか「妬ましい」とか感じる人が一定数いる可能性もあります。そしてコメント欄に並ぶのは様々な人たちからの「品がない」「羨ましい」「妬ましい」といった言葉。こういう言葉が、その写真をSNSにアップした人の承認欲求を満たすリアクションになっているのではないでしょうか。「品がない」でも「羨ましい」でも「妬ましい」でも、どんなリアクションであっても、「他人から評価してもらえた」ことは間違いないわけですから。

様々な作品に関わる身としては「評価してもらうこと」「賞賛されること」を目標にしてしまうと「承認」の基準が他者にあるせいで苦しくなると思っています。これは言わば、他者から自分に評価の矢印が向いている状態です。**例えば、この本を書く時に「こういったことを書いて、みんなに褒めてもらいたい！」という目標を設定すると、途端に書くこと自体が難しくなります。**

でも「自分が書きたいと思うことを、できる範囲の言葉で表現する」というように、「承認」の**矢印を自分から自分へ、あるいは自分から作品へと向ければ「出来上がった後はどのようにジャッジされても仕方ない」と腹を括るしかありません。**

最後の最後に価値を置く基準は、自分で握っておきたいということです。

そこを押さえた上で、「高級ブランド品にまみれた自分でいたい」のであれば、そういう写真をＳＮＳにアップするのも全然問題ないと思いますし、そういうものと距離を置きたいと思うなら、それはそれでいい。人それぞれの価値観でしかありません。つまり「好きにしたらいいんじゃない？」ってことです。

僕は、番組における視聴率や聴取率は一種の基準としては大事にしています。それも1つの世の中に対する「承認」なのかもしれません。

その「承認」と自分自身のやりたいこと、つまり生き方における「承認」の欲求は別物だと割り切っています。そこを混同すると、自分自身と仕事の境目もなくなってきて、担当する番組が高評価＝自分自身も高評価、と慢心してしまうケースもあります。番組が人気だったとしても、それは僕という人間に対する評価ではないのに。

番組への評価が高くても慢心しないぞ、と自分では気をつけていても、勝手に周りが認めてくれることもあります。が、自分の関わった作品に対して自分の手柄にするつもりは一切ありません。

承認欲求について悩んでいる人もいると思いますが、「承認されたい」とか「どうやって承認されようか」なんて悩む必要はないと僕は思います。**まずは矢印を自分に向ける。その結果として作る作品自体が望む結果になればいい。**そのくらいに考えたら、少し楽になるかもしれません。

責任と熱意の伝え方

「DayDay.」という朝の情報番組で芸能ニュースのコーナーを担当しています。長年、芸能ニュースメインでしたが、今年から更にアーティストの方がスタジオで生ライブを披露する際のトークコーナーの構成にも関わることになりました。このコーナーを担当することになったきっかけは日向坂46がゲストで登場した回に（僕が日向坂とのご縁もあるということで）少し構成に入らせてもらったことでした。

僕はメンバーの皆さんのことをある程度知っているし、メンバーの皆さんがどういう特性があるか、他のスタッフさんよりは把握していました。何より、「山里さんがこんな感じで絶対に面白くしてくれそうだな」という安心感があったので、中身を考えやすかったのも大きいです。

放送当日、メンバーの細かい資料を勝手に作り、山里さんの楽屋にお邪魔して今回は僕が構成を担当することをお話して、メンバーの説明を少しだけさせていただきました。山里さんは楽屋では僕をいじりつつ笑いにして、更に放送ではこれでもかというくらい山里節全開で、全トークを面白く突っ込んでくださいました。

これは山里さんの実力、そしてメンバーの実力があってこそなのですが、朝に山里さんに資料を作ってまでご説明にうかがったことも絶対に関係していると思うのです。なぜなら、山里さんは絶対に「こんなに佐藤が考えてるなら、必ず成功させたいよね」と感じてくれる、その熱がちゃんと伝わる人だから。

もちろん、山里さんとメンバーの実力なら、僕が何もしなくてもうまくいったと思います。ただ！　僕は成功のカギはこの「熱の伝え方」にあると思っていて、関係性が強固であればその想いが伝播して、更なるグループが生まれるのだと、感じています。

信頼関係が深まると、信頼関係のループが生まれる。それは、僕が長年仕事をしてきて思った実感です。仕事には予算もあるし人員も制限があります。だけど、今回僕が提示したような方法であれば、お金も人員もかからない。ただ、作業にどれだけの時間をかけられるか。そして、熱意をどうやって伝えるか、それだけで結果は全然変わってくると思います。

出演者と作家の関係

放送作家という仕事をする上で僕が一番気をつけているのは「出演者が楽しめるかどうか」「何かあった時に言いやすい関係性でいるかどうか」という2点です。

これは簡単そうに思えてとても難しいことです。出演者自身が楽しめていないと番組は絶対に面白くならないし「何か違うな」と本人が思った時に気兼ねなく「なんでも言える関係性」でいることが大事。信頼されていないとこれはなかなか成立しません。

僕が構成を担当している「オードリーのオールナイトニッポン」もまさにそうで。オードリーとは2005年頃、およそ20年前からの関係性です。むつみ荘（春日俊彰宅）で開催されていた7人しかお客さんがいなかったトークライブの手伝い（受付、会場整理など）にはじまり、ネタ作りの雑談相手（ただ若林君のアイデアに相槌を打つだけ）だったり。

彼らが「M－1グランプリ」で準優勝した後に、僕は僕でオードリーとはまた別の現場や様々な番組で放送作家として仕事を始め、数年後、正式に「オードリーのオールナイトニッポン」にて出演者と作家という関係で合流することになります。

とはいえ、僕らの関係性はずっと変わらなくて、会議室で若林君のアイデア待ちで無言で過ごす数時間があったり……喫茶店で家族の話をしたり……時には遊びに出かけたり……。

恩があるとか恩返しをしたいとかそんな次元の話ではなく、お互いに本当につらい、誰からもわかってもらえない時期に共闘していたという歴史は、やはり揺るぎないものだと思っています。

今後もオードリーが頼ってくれる限りは精一杯応えていきたいし、一緒にモノづくりができたらいいなとも思うし、ものをつくらない生産性の全くない時間も過ごしていければいいなと思います。

彼らとはまさに「なんでも言い合える関係性」であります。

僕という人間が放送作家として何かしらの評価をいただくようになったのは間違いなく

「あのオードリー若林が頼りにしている人間だ」という事実も大きいでしょう。「あの閉鎖的な春日が心を開いている人間だ」という評価もあるかもしれません。

「オードリーのオールナイトニッポン」はとにかく2人が楽しく喋りやすい空間になればいいなと思っているし、漫才の稽古も2人が楽しくいてくれる空気になればいいなと思っています。これからもこの関係は続くのでしょう。

「星野源さんのオールナイトニッポン」に3人でゲスト出演させていただいた際に、あの空間が非常に懐かしく、改めてそんなことを思いました。

そして山里さん。以前、山里亮太さんと「スッキリ」でご一緒することになり山里さんが僕のことを評価してくれた話がネットニュースになって広まったことがありました。山里さんとも多くの時間を過ごしましたし、山里さんから多くのことを学び、今もそれが僕の礎になっています。「DayDay.」の作家の依頼を最終的に引き受けたのは山里さんがMCをやると聞いたからです。

情報番組の原稿を書くという作業はとても地道ですが「山里さんなら、こういうことを面白いと思ってくれそうだな」と感じることができる仕事は僕の自慢でもあります。

松田好花をはじめ、日向坂46のメンバー

グループの皆さんとお仕事をさせてもらって数年経過します。

メンバーの皆さんには本当によくしてもらっているし、おかげ様でいろいろと助けてもらっています。よくできた一番弟子こと松田好花に関しては、かれこれ数年間、一緒にモノづくりをする仲間。

「オールナイトニッポンX」や「春日ロケーション」などを通して更に距離は近づいたのかな。

アイドルとして活動をする中で、それはそれはとても難しい状況で人間として僕のことを信じて、信頼して、頼ってくれたから、絶対に損はさせないと、信じてよかったと、その分のことはお返ししていこうとずっと思っています。

年も離れていますが松田好花ともオードリー同様なんでも言い合える、何かあった時に

言ってもらえる関係性を目指しています。
松田はとても真面目で、バランサーで、それこそグループの中で誰にも気がつかれないように「暗躍」しながらいろんな人の魅力を引き出す場面も多いのではないかな。大変なことも多いけどまずは健康第一で！　引き続きみんなに愛される松田好花でいてください。これからも共に、面白いものを作っていきましょう。

卒業したメンバーでいうと潮紗理菜はこちらがわけがわからなくなるほど僕のことを尊敬してくれているので、潮が望むのであればこれからも何か一緒にできたらいいなと思うし。卒業後、ようやく聞けた本音は思った以上に僕のことを信頼してくれていたそれだったので安心したのを覚えています。
在籍しているメンバーだと、金村美玖とはあまり一緒にならないけどラジオに呼んでもらって初めてゆっくり話せた時にとても楽しかったので、いつか何か一緒に作れるととても嬉しいし、また音楽の話もできたらいい。これは希望ですが。

あとは佐々木久美キャプテンとか加藤史帆（としちゃんまんじゅう）とかの話まで書き

始めたら終わってしまうのでこのくらいに。

ということで出演者と作家という関係は信頼関係の上に成り立つと僕は思っています。

それは**「信頼されようとする」ことが目的にあると難しいけど、好きな相手であればあるほど真摯に実直に接していれば必ず関係性ができて、いい仕事ができる**のではないかなと思っています。

ゼロからイチをつくりだす

放送作家の役割の中で、僕が主にしている作業は「すでにあるものをよい形にして世の中に送りだすことをしている」と書きましたが、ゼロから企画を立ち上げるというケースもあります。「春日ロケーション」もその1つです。

毎年、何百という企画がテレビ局の社内からあがってくる中で、それが実際に形になるというのは、とても難しいことです。

企画が社内で通ってもキャスティングがうまくいかない、予算が合わない、制作メンバーが決まらない……などなど問題も山積み。特番の放送まで運よくたどり着いても数字がとれなかったり想定のような番組にならなかったり、1つの番組を作るのはとても大変なことです。

その中で数字も評判もよく、レギュラー番組として定着するなんてことは相当な確率なわけです。「春日ロケーション」に関しては一応、そこをギリギリクリアしながら進んでいる番組です。

では、なぜそんなことが実現できたのかというと、きっかけはなんてことない立ち話でした。

皆さんも、知り合いと「この前テレビで見た○○さん、すごく面白かった」みたいな話を職場などですると思います。「旅行で訪れた○○がすごく綺麗だった」くらいの会話とか。「春日ロケーション」に関しては演出の方とのそんな雑談の中で生まれていきました。

春日と僕でこんな企画でこういう番組あったら楽しいですよね、というくらいの会話をし、家に帰ってからさっそく企画書を作り、出来上がったものを演出の方に送ると即座にいい反応が返ってきて、そこからどんどん人を巻き込んで味方をつくり、番組が始まりました。

番組の企画を考える時には、たいてい視聴者が求めているものから着想することが多いと思いますが、今回はそこはあまり意識していません。

それは、この番組の場合は配信サービスでの展開なので、地上波よりも数字で勝負しなくていいところにおいてもらえる想定だったから、というのもあるでしょうか。ただ、自分たちが面白いと思ったことを、外から求められてもいないのに企画にして番組になった。

こうやって見てみると、すごくラッキーなんだなと思います。

ですが、この幸運は企画書を書かなければ始まらなかった。そして、あの時立ち話をしなければ始まらなかった。**もっと言えば日頃、面白いと思うものをメモしたり、気の合う人と会話したり、それを人に伝えるという習慣がなければ始まらなかったことでもあります。**

ゼロからイチをつくりだす、と言うとものすごいことをしたように思われるかもしれませんが、それも実際に形にしてくれたのは各所に「こんな企画があるんですよ！」と売り込んでくれたプロデューサーや、番組に関わっているスタッフ全員のおかげです。

また、今回紹介した「春日ロケーション」では珍しいことがもう1つ。それは、僕がガッツリと出役になっているということ。これは、僕の承認欲求が突然高まったわけでもなく、ただ単に、役割としてそのほうが番組がより面白くなるなら出るというシンプルな理由です。

この企画は僕が発端になっているということもあり、とにかく番組に関わった全員が幸せになったらいいなと強く思っていました。これから先、ＡＤの子やアシスタントをしている子たちが、「春日ロケーションの制作に関わっていました」というのが、何かしらのアドバンテージになればいいなと思っているし、もしそこまでの影響が与えられなかったとしても、最低限「春日ロケーションをやれてよかったな」と思ってくれたら嬉しい。そのためには、やっぱり番組そのものが面白くないと話にならないし、僕が演者になって面白くなるのなら断る理由はありません。

ここまでの間に、仕事の向き不向きについて何回か触れてきていますが、大きく考えると出役として「向いてない」場所もあるし「向いている」場所もあるわけです。その時のメンバー、与えられた課題によって大きく求められるものも発揮できるパワーも変わりますよね。

ということは大きく考えると向いていないかもしれないけど、条件が整えば力を発揮できる場所は必ずあるということです。

これから先、「向いていないんだけどどうしよう」と思った時に、諦めるのも諦めないのもその人の自由です。ただ、「向いていない」ことがどういった背景が前提にあるのか、少しだけ立ち止まって考えてもいいのかもしれません。

裏方&出役の仕事に密着！

裏方の役割

撮影当日。どのような順番で撮影するか、どのくらいの尺でオープニングを撮るかなどをスタッフと相談。作家と出役どちらの目線も取り入れて提言。

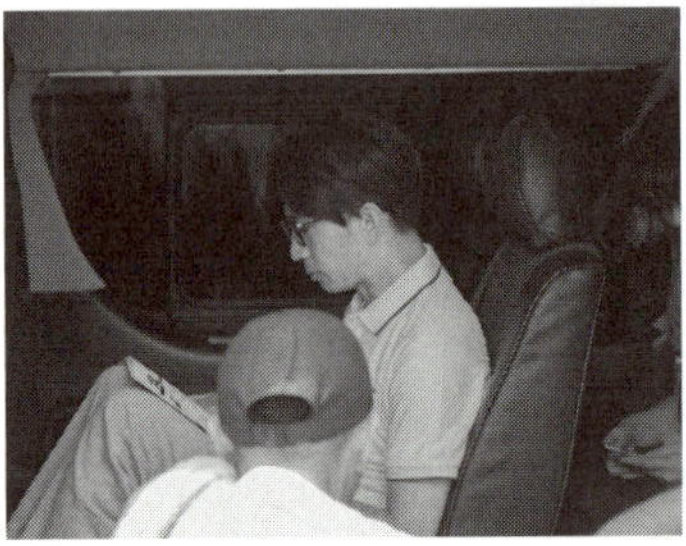

この日は気温35度を超える猛暑日。あまりの暑さのため、急遽演者を炎天下の中歩かせないようなスケジュールに変更。また、撮影前に現場のチェックなども行う。

出役の役割

本番組では裏方業務だけではなく出役も担当。
両方ができることで仕事によい効果が生まれる。

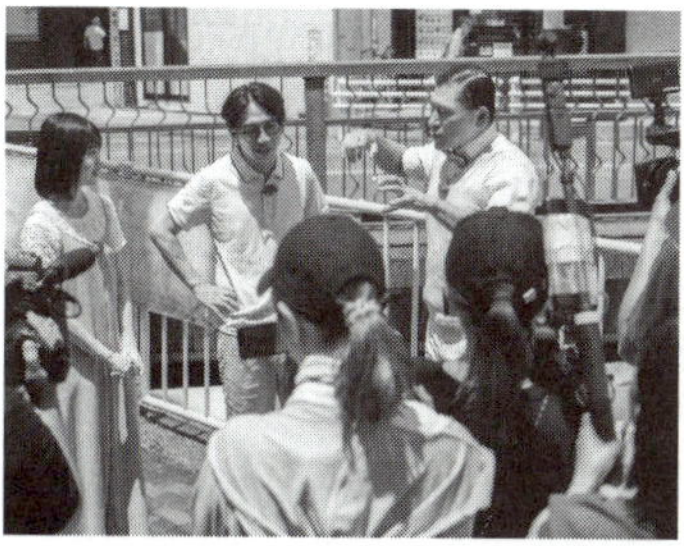

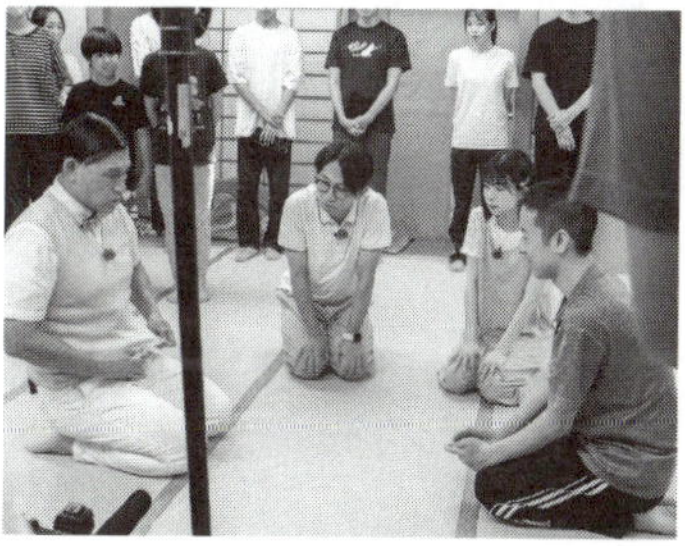

出演者2人の会話がかみ合うように、それぞれに話をふっていく。説明が足りないところでは、視聴者が混乱しないようにフォローを入れる場面もあり、見やすい番組作りを演者側からもサポート。

インタビュー

サトウミツは
全てを繋ぐパイプ役

オードリー 春日俊彰

暗躍っていうと、クールで笑わないようなイメージを持つ人が多いと思うんですけど、サトウミツは人畜無害で平凡そうな顔をしながら近づいてくるんですよ。その平凡さに騙されて、実は何人か暗殺しているかもしれない（笑）。

「春日ロケーション」自体、サトウミツが暗躍した結果、こうして形になっている部分は大きいと思います。私は演者なので、全てが決定して「こんなロケになります」と伝えられるだけだけど、彼はこの番組の立ち上げに一から関わっているわけだから。

最近だと、東京ドームのライブでもいろんな部署とのパイプ役をしてくれていたみたいで、それは誰かに指示を出すというパイプ役でもあり、人間関係をうまく回すためのパイプ役だったりね。東京ドームでの入場シーンもそうです。私が思いつきで他のスタッフに話したことが、どこかの段階で「絶対にこうしたいと言って春日さんが聞き入れてくれない」みたいな話に広がっていってしまった時にも、サトウミツがすっ飛んできて「いや、あれは、お客さんは出た瞬間に春日の顔を見たいと思ったから外したほうがいいと思う」って私に一生懸命説明するんですよ。

私としては、サトウミツがそう言うならって感じでもあったし、結果それで成功もした。今思うと、そういうところも全て暗躍だなあと。スパイとか忍とかのレベルの暗躍具合なので。普段からいろいろなところで繋ぎ役・調整をしてくれているし、いろいろ作り出してくれている。知っているだけでもそれぐらいなんで、予想の30倍ぐらいはおそらく暗躍しているんでしょうね。私もそうですし、オードリー関連、若林さんも、そうなんでしょう。

私だったら周りからワーッと注目されたい。でも、サトウミツは本当に裏で躍動している。もう振り回されるのを喜んでいるんじゃないかって思うくらい。

人知れず何かをするっていうことに興奮というか快感を覚えているようなフシがあって、私から見たらただの変態ですよ。だって、普通は自分の手柄って「俺がやったんだぞ!」って言いたいじゃないですか。言わないまでも周りが気がついてくれるくらいのアクションはするでしょ。

でも、サトウミツは本当に「いやいや、僕なんかはいいんだよ」っていう態度を崩さない。しれっと町田に帰って、しんみりするっていうことに興奮してるんだから、この男はとんでもない変態ですよ。

インタビュー

サトミツさんだから、
安心して任せられる

日向坂46　松田好花

サトミツさんとの初めての出会いは、ＯＮ８＋１（オンパチプラスワン）というラジオでゲストとして呼んでもらった時でした。当時、ラジオは好きだけど話すのはそんなに得意ではなく、正直最初はラジオとして成立しているのかも不安でした。でも、サトミツさんはダメ出し的なことも一切なく、それどころか番組内でコーナーを担当させてくれて本当に感謝しています。

その間も私の知らないところで、サトミツさんは企画書を書き続けていてくれたようで、その２年後に「ひなこいＰｒｅｓｅｎｔｓ日向坂46松田好花の日向坂高校放送部」を立ち上げてくださり、そこからずっと作家として支えてくださっているという感じです。でも、サトミツさんはいい意味で〝やってる感〟を出さないんですよね。誰かのためにやっていることなんだけど、それを「あなたのためにやったんだ」とは絶対に言わない。そういうスタンスなのに、出来上がったものや、何かを作り上げるまでの熱量は凄まじいので、いったいどうやってモチベーションを保っているんだろうと不思議な気持ちになります。

サトミツさんは企画書を書くといった実務的な暗躍もしているんですけど、それと同時にメンタル面でのサポートもしっかりしてくれるのが印象に残っています。

　先ほどラジオの話をしたので例に出しますが、サトミツさんは私がまだ何もできない時でも「あぁ、いいね！」って言ってくれるんです。褒めて伸ばすのがすごく上手だし、言われたことが社交辞令に聞こえないのもポイントです。同じ空間で話しているだけで、マイナスイオンが出ているような雰囲気になるし、安心して仕事ができる存在。

「春日ロケーション」でも、きっと春日さんと私だけだったらこんなにお互いの距離感は縮まらなかったと思います。ある時、サトミツさんが春日さんの頭を引っ叩いた後に「このちゃんもやってみなよ」って言ってくれたことがあって、これは春日さんに「やっていいよ」って言われてもたぶんできなかったと思うんですよね。サトミツさんがお手本を目の前で見せてくれて、ここまでやっていいんだよってリードしてくれたからできるようになったことなので。

　そういう人間関係の潤滑油のような存在なので、私はサトミツさんとお仕事をする時はいつもホッとしていますし、周りのみんなも安心してついていくことができるんだと思います。


春日ロケーションはいい意味で、気を抜いてできる貴重な仕事。この仕事に限らずですが春日・松田と関わる時は、とにかく2人が楽しいと思えることを第一に目指しています。

「聞く」こともコミュニケーション

先日、急に思い立ってインスタライブを配信しました。金曜の深夜1時から突発で始まった生配信に集まってくれたのは２００人ほど。こんなにもエンタメが多様化して、世の中にたくさんのコンテンツがあふれているにもかかわらず、「佐藤のインスタライブを見よう」と思ってくれる人たちがこれだけいるのは大変ありがたいことです。

一方で芸能人がインスタライブをはじめ何かの生配信をすることで「同時接続（同接）〇万人！」みたいな謳い文句もよく耳にするので、そう考えると小規模に思えるかもしれませんが、僕にとってはとても大きなことです。それは、僕が開催する「劇、佐藤満春」が150人規模の劇場で2日3公演だったり、そもそも僕のYouTube自体の登録者数もずっと4・9万人のまま。5万人にいかない状況が数年続いていたり（いや、全然いいんですけど（笑））。

誰かと比べたら多いんでしょうし、誰かと比べたらとんでもなく少ないのでしょうし。

僕にとってはその1つずつがすでに大変ありがたいことです。

インスタライブの話に戻ります。

そこでは生配信にも関わらずリスナー(というか参加者か)とお話するという流れになりました。やったことがない挑戦なのでどんな変人が出てきても構わない！という覚悟でやりとりをしてみたところ、とても真面目でちゃんとした方、数名とお話することができました。年齢からか、視聴者層からか、何の流れかはわかりませんがその話した全員の悩み相談に乗るようなことになりました。

前にも書いたように人の感情は操作できないので、参加してくれた人が本当に満足してくれたかはわからないです。彼らが求めているような回答を返せたかもわからない。それでも、わざわざ顔を出して僕に相談してくれた人に対しては誠実に向き合おうと思いましたし、個人的にも非常に有意義な時間となりました。

「相談に乗った」と書きましたが、**全体として僕が相手に話しかけた時間は3割ほどです。相手が話している時間が7割。**僕が誰かと話をする時に意識していること。それは相手の意図がくみ取れているかどうか、複数人の場合はその意図が（なるべく全員に）共有されているかどうか。これは作家として相手と会話をして、なんらかのブレストをする時も同じです。**極力、相手が話したいことを話してもらいやすいように「聞く」というコミュニケーションのとり方を意識しています。**

世間的にコミュニケーション強者と言われる人たちは、言葉がするすると出てきて、アグレッシブで、面白い話をバンバン繰り出すイメージがある方もいるかもしれません。そういう人たちと比べると、僕はスタンスが大きく違うような気がします。しかし、**長年僕が放送作家としてモノづくりをしていく際に感じたのは「聞く」ことの重要さ**です。

最近では、人とコミュニケーションが上手に取れないと悩んでいる人も多いと聞きます。目の前の相手とコミュニケーションを取るためには爆発的な笑いも、滑らかな会話のスキルも必須ではないというのが、僕の実感です。

相手が何を考えているのか「聞いていく」ことで自ずとこちらがやるべきことは見えてくると思います。

興味を持ってもらう振舞い方、伝え方

「講演会」のお仕事を任されることがあります。

「佐藤満春のトイレ掃除術」だったり、最近では「佐藤満春の働き方講座」なんていうことも。

放送作家として番組や企画と関われる裏方の仕事とは別に、自分自身が「語る」ことがメインになる仕事です。

講義の時に僕が意識していることは
・結論を先に言う（聞いたら何がわかる講義なのか）
・序盤で話しかける（内容に関する質問をする）
ここは必ずやっていることでしょうか。

トイレ掃除の話だとしたら左記のような流れです。

①結論

これを聞いたらすぐに家のトイレ掃除がしたくなる。そして、楽になるトイレ掃除の話をします。

②質問・問題提起

「みなさんはトイレ掃除の正しい順番ってご存じですか？」

問いかけから始め、この流れを作ることでお客さんの興味・聞く姿勢はぐっと前のめりになります。

話す人、聞く人、という壁がなくなる瞬間ですね。

掃除やトイレ以外の話をする時もこのような展開を意図として作ることは多いです。割と使えるのでご自身のケースにトレースして、ぜひご活用ください。

講演会だけにとどまらず、会議や相手との会話においても大きく同じことは言えるかもしれません。もちろん、対象となる相手や空気、空間によって対処は変わるものですが。

日陰にいても。探しに来てくれる人

誰にも見えないところで仕事をして、その作品自体が大きな反響だったとしても自分として何かの賞賛や承認を求めることなく淡々と、すごくドライに次の仕事に向かいます。ただ、その中で「そこまで見てくれているんだ」という人に出会って驚かされることがあります。若林君や春日以外でいうと、星野源さんがまさにそうでした。

星野源さんはオードリーの「オールナイトニッポン」の東京ドームライブのテーマ曲となる「おともだち」という素晴らしい楽曲を作ってくださいました。

個人的な繋がりでは、一昨年あたりに星野さんのラジオ「星野源のオールナイトニッポン」で星野さんが「トイレが詰まった」というトイレ好きとしてはたまらない、そして気になるエピソードトークをされていたのを聞いて、スタッフさん経由で真空式のパイプクリーナーなどトイレ掃除グッズをお渡ししたことがありました。後にこのことをラジオでもお話くださって、丁寧なお礼をいただいたことがありました。

それ以外では「オードリーのオールナイトニッポン」に星野さんにゲスト出演で来ていただいた際にご挨拶したりとその程度。こちらは一方的に星野さんの楽曲に救われてきたので恩人、と勝手に思っているくらいなもので。

「おともだち」の楽曲解禁の際にオードリーより先に泣いたことでいじられ倒した際にも、「そこを目指してた」というフォローまでいただいて、まさに恩人なわけです。


そんな中、大成功で終わったオードリーの東京ドームライブ。終わった後の廊下は出演者やたくさんの大人で溢れていて、僕はといえばケイダッシュステージマネージャー陣の楽屋（結局ほとんどのマネージャーは忙しそうにずっと出払っていて僕1人でいることが多かった）でコーヒーを手に誰かの差し入れのクッキーを食べて一息ついていました。

日曜日に開催されるこのライブは、かなり大きな規模だったので、木曜朝から会場に入りそのままホテルに連泊し、リハだ打ち合わせだと、毎日慌ただしく過ごしていたのでやっと少し気が抜けたところ、だったような気がします。しばらくするとそこにぬるっと入ってきた人が星野源さんでした。

楽屋の外ではいろんな人が写真をとって動画をとって、ライブの成功をたたえ合っている騒がしい様子の中、これは確認していませんがきっと僕を探してきてくれたんだと、気が付きました。しかし、そうは見えないようにふらっと中に入ってきてくれました。

「お疲れ様でしたありがとうございました」
「お疲れ様でしたありがとうございました」

オウム返しするしかないほど深々とお辞儀をしてこちらを労ってくださる様子だけでも感動ものです。この人は絶対、楽屋外の喧騒を抜けてわざわざ僕に会いにきてくれたわけだ。きっと星野さんに会いたくて星野さんを探している人も多かっただろうに。

そこから、数分間、本当にたわいもない話をしました。家の掃除法の話、おすすめ家電の話、家電の掃除の話、トイレの話。その、1文字1文字、一言一言がずっしりと。

「あなたの活躍も、見えてないその苦労もちゃんとわかってますよ」と言わんばかりの笑顔でした。きっとそんな気持ちを伝えに来てくれたんでしょう。

「またぜひ、ゆっくりと。本当にありがとうございましたお疲れ様でした」

「またぜひ、ゆっくりと。本当にありがとうございましたお疲れ様でした」

またもやオウム返しするしかないほど同じ気持ちで彼を送りだしました。楽屋を出るなり誰かに見つかって声をかけられている様子。僕はまた1人、クッキーを食べながらコーヒーを飲みました。そういえば星野さんからもらったコーヒーも美味しかったなとか。

ああ、また「地獄でなぜ悪い」で闘病中に救われたことを伝え忘れた。

ああ、また「歌を歌うときは」に励まされたんですよ、と伝え忘れた。

数か月後、星野源さんANNのスペシャルウィークのゲストとしてオードリーだけでなく、僕までも呼んでいただきました。ラジオのことを考えたらオードリーだけで成立するはずです。そんな中、僕にまでゲスト出演のオファーをくれたのは星野さんの決断、強い意志だったと聞きました。

ファミレスで行った放送は本当に楽しく、今あるメディアにおいてオードリーと僕を横並びにして話を聞いてくれる場所は他にありません。4人でファミレスでダラダラと話している時にこれぞ至福の時間で、こういう夜のために生きてるよなと心から思いました。放送後、またもや片付けなどでざわざわする中で僕ら4人はそのままファミレスでトークを続けました。どこまで放送されたのか、どこまで放送後なのかわからなくなるほどに。20代のきつい時間も星野さんと共に時間を過ごしたのかもしれない、そう錯覚するほどに。

ひとしきり盛り上がり、オードリーとは別々に1人で帰ろうとするところで声をかけてくれる男性。星野源さんでした。あの日のあの楽屋の時のように、丁寧なお礼をし合った後ついに言えました。

「『地獄でなぜ悪い』で、救われまして、いつもありがとうございます」
「ありがとうございます」

そこから連絡先の交換をして、少しだけやりとりをさせてもらいました。

誰にも伝わらないような仕事をしながら誰にも見つからなくてもいいから、楽しいことをひたすらやっていても、たまにこういう人に出会えます。

これは出会おうとして出会えるようなものではなく、一生懸命に生きてきてご褒美のような、出会いです。

「見てくれている人は見てるから頑張ろう」なんて思うのはつらいです、なぜなら「誰も見てないことに本当に気が付いてしまう瞬間があるから」です。

ただ、こんな風に陰にいても誰に伝わらなくても、急にこんなことも起こるのが不思議なところですよね。出会いの妙、というしかありません。

孤独であればあるほど、出会いに救われるもので。


そういう意味でいうと、今の僕がこうして生きているのは若林君のおかげで、今こうして僕がこんな本を出版しているのも若林君のおかげだと言えるでしょう。

オードリーのラジオが人気になっていったり、ネタ作りの時に雑談相手として声をかけてくれたり。そしてここ数十年、皆さんの中で佐藤満春のことは若林君のフリートークを通して知ったという人が多いと思います。

つまり、彼のトークスキルによって僕自身のこと、僕の説明書を配ってもらっているようなもんなんですね。

確かに僕は彼とは古い付き合いです。売れる前に、あの久我山の道で大の字になって「もう車にひかれてTVに出る！」と彼が叫んだ夜に一生懸命止めたり（車なんか来ないT字路なのに笑））。苦楽を共にしたのは言うまでもありませんが、ともにキャリアも重ねて年も重ねていく中で恩返しなのか、何なのかわからないほどにいただくものの大きさを痛感します。

もちろん、仕事の話ばかりではありません。

東京ドームライブの前日は一緒にシズラーに行ってなんとなく数時間、なんてことない話をして過ごしたり。ポコチャのCMに一緒に出演させてもらった後は2人で懐かしの高井戸温泉にも行ったり。これからもなんてことのない時間を過ごすことでしょう。

僕自身は「若林君に認めてもらおう」とか「若林君に面白いと思われよう」とか「星野

源さんにわかってもらおう」とか「星野源さんに声をかけてもらおう」ということ自体を目的にして生きていません。

いただいた仕事を粛々と、淡々とこなしていく中で「結果として」そういうことがたまにあるんですよね。それでいいと思うし、そこは結果なので目的にするべきじゃないんだろうなと、そう思います。伝わってほしい人は勝手に見つけてくれるので。

そういう意味では僕は運よく「いい出会い」に恵まれたわけですが、これも「いい出会い」を目的に生きてきたわけではなく実直に、真面目に生きていく中で、一生の仲間との出会いが「結果的に」あっただけです。

細かく書きませんでしたが春日との関係ももちろんそうでしょう。

あの感じで感情を言語化するのは得意じゃないでしょうが、各所で僕のことを評価して僕の重要性をスタッフさんに話しているのは春日だったり、します。

春日との出会いも、非常に重要でした。

日陰にいて見えないところで真面目に生きていても、届いてほしい人たちは勝手に見つけてくれるんですよね。逆にいうと他の人にはどう思われようがバカにされようがなめられようが関係ないかな、と思えるところであります。

対談

初めて語るサトミツとの絆。
公の場では初めてとなる
スペシャル対談

潮紗理菜×佐藤満春

——テレビやラジオでもご一緒にお仕事をしたことのあるお2人ですが、最初の出会いは？

佐藤　最初は「日向坂であいましょう」（テレビ東京系）ですね。

潮　ちゃんとお話をする間柄になったのは、私が日向坂46を卒業してからですよね。

佐藤　そうだね。日向坂46の頃は現場で仕事の話をするくらいで。

いや、仕事だからそれでいいんですけど。ただ、奥の奥のところでこの子が何を考えているのかわからない、みたいな感触を僕のほうは持っていて。

潮　その通りだと思います。自分の本音をお伝えする機会っていうのが日向坂46の活動中はなかなか難しくて。そこは自分でも感じていたので「日向坂46潮紗理菜のサリマカシーラジオ」（Inter FM897）の最終回の時にサトミツさんにお手紙を書いたんです。思いを込めて「お友だちになってください」と（笑）。

佐藤　この年で「お友だちになってください」って言われる機会があるんだと思って、すごく印象に残ってます。そういう部分も含めて、潮さんはとことんピュアな子だなと思います。

潮　出会ったばかりの頃だと、ヒット祈願でバンジージャンプしたじゃないですか。あの時のサトミツさんの反応が今も心に残っています。この世界のことが全然わからなくて、もがきながら戦っていた私たちの姿を見て、涙を流してくださって。

佐藤 いまだにいじられるやつね、あの時はすみません（笑）。

潮 サトミツさんの涙を見て、心が救われたというか。私たちを見てくれている人がいるんだって。それが〝この世界で見えた光〟みたいな感じで、当時の自分には大きなものだったんです。自分を見てくれている方々に出会えるようにお仕事頑張ろうって思えるようになった。そこから心の中でずっとサトミツさんを尊敬しています。

佐藤 あの涙をそんな風に受け取った子がいたとは！という驚きがありました。

どの道を選んだとしても絶対に応援してくれる味方

――じっくりとお話をするようになったのは、どういうタイミングだったんでしょう？

佐藤 僕、昼間に喫茶店のルノアールで仕事をすることが多いんですけど、その合間にルノアールに突撃してくれて（笑）。そこで、近況を聞く、みたいな感じでしたね。

潮 私がグループを卒業したタイミングで、気にかけてくださったんです。本当に何も決めずに卒業して、未来のことが見えていない状態でした。サトミツさんは、こういう道もある、ああいう道もある、この部分は気をつけたほうがいいよ、って私にいろいろと話してくださって。サトミツさんって、**選択肢をいろいろと教えてくれた上で「これがいいと思うよ」とは決して言わないんです。どの道を行くのかは自分で選んで、その道を行く自分をサトミツさんは全力で応援してくれる。**だから、どの道を選んだとしても絶対に私のことを応援してくれる。私自身、誰にでも心を開けるタイプではなくて、本当に信頼している人にしか本音を明かせない。でも、サトミツさんとは少しずつ積み重ねてきた安心感とか信頼感とかがあって。サトミツさんになら話してもいいんだっていう気持ちで、いろいろとお話できました。この世界に残るっていう選択もできたので、本当に感謝の気持ちでいっぱいです。

佐藤　潮さんはピュアすぎて、悪い大人に騙されるんじゃないかって勝手に心配してたんですよね。でも、前の事務所さんからもよくしてもらってたと思うけど、とても気持ちよく送りだしてもらった上で、新しくまた素敵な事務所とご縁があって素敵なマネージャーさんに出会えて、素晴らしいスタートを切ったよね。おめでとうございます。

潮　ありがとうございます！

佐藤　本当によかった。一安心というか。とりあえず雑談しながらいろいろお話を聞いて、その上で今後は何をしてもいいし、好きなことができたらいいけど、芸能の世界をやめたっていいんだよ、どんな道でもいいんだよと思って、そういうお話を潮さんにはしてた感じですかね。

潮　でも、卒業のタイミングでサトミツさんとお話してなかったら、この世界に残るっていう選択肢はなかったです。

佐藤　最初はそっちだったもんね。

潮　これまでとは違う方向がいいと自分の中では感じていたので。でも、人にはそれぞれやりたいことや向いていることがある、っていう考え方をサトミツさんから教えていただいて、もう1回自分と向き合って考え直しました。

佐藤　この本の原稿を送ってね。「やりたいこと」、「向いてること」、「やるべきこと」はそれぞれ違うっていう内容の部分。

潮　読んでみてどう思うか感想をくださいみたいな形で、原稿を送ってきてくださったんです。これ、私からの感想が欲しいっていうより、進む道に悩んでいた私のために送ってくださったんですよね……？　だって私、原稿を書くようなお仕事してないし。

佐藤　いや、そんなことないよ。内容的にどうなんだろうってちょっと悩んでたから、潮さんの感想

を聞きたかったのよ。

潮　私は5秒で「きっと私にとって何か大切なことが書いてあるはずだ」とサトミツさんの真意を理解しましたよ。たぶんサトミツさんは「これを参考にしてみたら」みたいに言っちゃうと、私が負担に感じたり押し付けになるんじゃないかって考えてくださったんですよね。あえて「感想を教えてほしい」っていう言い方で送ってくださったんだろうなっていうのは、すぐにわかりました。だって送られてきた原稿が、私にぶっ刺さったから。「やりたいこと、向いていること、やるべきこと」はそれぞれ違うかもしれない。苦手なことは他でカバーすればいい。原稿に書いてあった内容を読んで、私の背中を押していただいたような感じがしました。

佐藤　いやぁ……僕、尊敬されてますね(笑)。その原稿、ちょうど仕事の分岐点にいる人に向けた内容だったからね。届けたい層にちゃんと届くかな、と。

潮　私は今年27歳になるんですけど、学生時代の同級生で転職を考えてるっていう人たちもいて。この年代って、このままでいいのかなとか、やりたいことが別にあるんじゃないかなとか、そういう悩みが出始める時期で、友だちに相談されたりもしていたんです。この本が発売されたら、友だちにそのまんま送りたいです。

——潮さんのサトミツさんに対する信頼感は絶大なものだと感じましたが、信頼できる理由はどこにあるのでしょう？

潮　サトミツさんって、すごく自信がないんです。お仕事でいろいろと成し遂げていらっしゃるのに「自分はすごい」ってならない。「自分はすごい」って思っていても表に出さない人はたくさんいるけど、サトミツさんは心から「自分はすごい」と思ってない。その上で、どんな物事に対しても感謝の気持ちを持っている。それは、私が人生の中で大切にしたいものでもあるんです。そういうサトミツさんには、自分がどうなったとしても身を委ねてお仕事を頑張りたいと思えるんです。サトミツさんのことを知れば知るほど、お仕事への真っ直ぐな向き合い方から言葉遣いの端々まで、嘘のない方なんだなって感じます。

積み重ねてきたからこその尊重し合える関係

潮　ラジオのお仕事で印象に残っているのが、サトミツさんが台本を赤ペンで消して「ここ、自分の言葉で伝えていいよ」って言ってくださったこと。何度もあるんですけど、私の気持ちをいつも大切にしてくださって。

佐藤　ラジオって結局、話している人の人柄が大事だと僕は思っていて。潮さんのピュアな感じを届けることがラジオの面白さ。だから、作家の僕が書きすぎないのが実は正解というか。僕の担当している番組は全部そういうスタンスではあるんだけど、潮紗理菜というパーソナリティの場合は特にそう。飾り気のない潮さんの人間性が伝わるのが大切なんだから、台本にはもう一文字も書かないでもいいぐらい。そういう意味では、僕も潮さんのことを信頼しています。なんでもかんでも台本通りにやらせるのは違うと思うし、嫌なら嫌だと言える関係性がいいですよね。

――尊重し合える関係性、ということですね。

佐藤　そうそう。嫌なものは嫌だと言える関係性に至るには信頼の積み重ねが必要ですけどね。最初は探りながらでも、だんだんとお互いのことがわかってくるから。話している時の潮さんの表情とか、声のトーンとか、番組が終わった後の雰囲気とか、そういうものを観察していました。そうやって蓄積していって信頼を勝ち取っていくというか。松田好花に対してもそうでしたね、信頼してもらうまでに時間はかかるけど、ちゃんと向き合えばいいモノづくりをできる仲間にちゃんとなれるというか。

潮　基本的に、私が不安にならないように全部バックアップしてくださるんです。フリートークでこんな話をしたいんですけどってサトミツさんにご相談して概要を伝えたら「初めと終わりの部分を逆にすると話の展開として面白くなるかな」っていうアドバイスをいただいて。収録までそんなに時間がないタイミングで、私にできる範囲内の改善策を教えてくださったりするんです。

佐藤　「今日の話、1回全部聞かせて」とかこっちからは全く言わないです。話せるならそれでいいし、迷う部分があるなら提案はするし、それから自分で選んでほしい。結局、本人がどう楽しく話すかのほうが僕は大事だなと思っていて。

そういうことができるのも信頼し合っているからこそですね。

——そういえば、1対1でのお仕事では初めてだそうですね。

潮　いつものルノアールみたい。

佐藤　そうそう、そうなんだよね。

潮　空気感とか、こんな感じ。

2人　(声を揃えて)ここにコーヒーがあって、コーヒーゼリーがあって。

潮　いつものルノアールとなんら変わらない。こういう形で相談に乗っていただいてます。

——サトミツさんもご自分の近況をお話されるんですか？

佐藤　そうですね、聞かれたら話してるとは思いますけど、基本あんまり……。

潮　でも、だいたいは……膝を痛めたとか。

佐藤　あと寝られないとか。

潮　あの、ずっとずっと、長生きしてください……！

佐藤　長生きはしないと思うけどね（笑）。

潮　最近の医療は発達してますから、90歳いかないぐらいは長生きしてください！　とりあえず寝てほしい（笑）。

Q & A

Q

職場の人と接する時の距離感がわからない

（ojagawa 23歳 公務員 学校職）

職場の人たちにどうしても壁をつくってしまい踏み込むことができません。

それでも踏み込んだほうがいいのか、ある程度の距離を置くべきかどちらが正解かわからないまま過ごしています。

サトミツさんはどのような距離感で接していますか？

A

必要になってから考えてみては？

とても親近感のあるご質問ありがとうございます。僕自身もあなたと同じように壁をつくりまくり、現在もその自分でつくった壁を壊せずにおります。ただ、30代後半、40代に入ったところでそうもいかなくなったことがあります。それは圧倒的に自分より年下の人と仕事をする機会が増えたからです。チームワークで1つの物を作っていく際に自分に与えられた責任も当然大きくなっていく中で、いい物を作るために「知っておかないといけないことが増える」ことになりました。

チームメンバーの仕事の癖、それぞれの得意なことや不得意なこと、好きなこと嫌いなこと。

このあたりを把握するとモノづくりはスムーズになります。

となると「仲良くしたい」とか「友だちになりたい」という目的ではありませんが、壁を自ら壊してでも、ある時はプライベートな話まで聞いてみたりすることも必要になってきました。しかし、だからと言って僕は今も打ち上げにも行きませんし、ガッツリと大きく重めなシャッターを閉めたままなので、心を開いているかというと、そうでもないんでしょう（もちろん、相手もそうだと思いますが）。

ただ、ある一定の目的のため手に、必要になったら自分のつくった壁に穴をあけて、風を通してもいいのかもしれません。終わったらまた閉じたっていいわけです。

場の空気作りとしては「話しかけやすい人」のほうが正解のような気がするのです。ですので、今はそのままで全然いいんじゃないですかね。お気持ちとてもわかりますし、それでもなんとかなった、が僕の体感でもあります。然るべき時に必要なコミュニケーションをとれれば、それでいいでしょう。別に相手も仲良くなりたいと思っているとも限らないし距離をとりたい人も多いでしょうし。

Q

頑張りたいと思いつつ楽したいと考えてしまう

（こたろ　30歳　会社員）


仕事の手を抜いてしまいます。迷惑をかけない程度に成績は出しているのですが、組織で中の上の立場ですが、本当にこれでいいのか悶々としてます。

個人的にモチベーションをあげるために模索していますが、現状に満足してしまってます。モチベーションをあげたい、もっと頑張りたい自分と楽したい自分で揺れています。何から手をつければいいでしょうか。

A

手を抜くのは悪いことではない

すごい！　理想的にはそりゃもちろん全部の仕事に全力投球！なんでしょうけども。

あなたはある程度の結果をちゃんと出しながら「手を抜けている」のでしょう。素晴らしいことです。

ちなみに僕自身も仕事で手を抜けるとこはガンガン抜いてます。それは「効率の良さ」という意味合いも大きいかもしれませんが。

一時期、担当番組20を超えた時にもはや毎日毎時間毎秒、何かの番組の宿題に追われていたのですが

Q & A

そうなると「効率よく手を抜く」しかないんですよね。

悩まれている「頑張りたい自分」と「楽したい自分」の天秤が「迷惑をかけない程度に手は抜きながら楽をしていく」というほうに傾いている状態ということですよね？　それ自体全く問題ないかと思います。

人生の全てが仕事であるとしたら少し何か考えたほうがいいかもしれませんが、「ある程度楽をしながらもこなせる職業に就けた」のはあなたの才能ですし、運のよさでもあります。決して悪いことではありません。得意な作業、得意なことだったんでしょうから。

「充実」みたいなことを求める場合は、更なる何かが必要になると思うのですが現状、全然いいんじゃないですか？

もし先ほどの天秤が「もっと仕事に頑張りたい自分」に自然に傾いたら、動けばいいじゃないですかね。傾かないで進んでいくこともあるでしょう。それが悪いことだとは思いません。

世の中の空気的には「仕事に夢中になってる」人のほうがなんかかっこいいですけど、あれなんなんですかね。関係ないと思います僕は。

「仕事のモチベーションをあげたい」に対するアンサーとしては「モチベーションは何か起因するものがあって勝手にあがるもの」なので「あげたい」を目的にするのは難しいかもなと。そう思いましたがどうでしょうか。

4

企画・アイデア・仕事術

放送作家は結局のところ何者なのか

そもそも「放送作家」とはなんなのか？　名前は聞くものの、その仕事の実態を知らないという方が大多数なのではないでしょうか。

僕がやっている「放送作家」という仕事は、人によってその活動の幅も仕事の役割も幅広いものなので全員がこの働き方に当てはまるわけではない、という前提のもと、佐藤満春としての放送作家業をご紹介するとこんな風なイメージです。

○仕事の内容

一言で言い表すのが非常に難しいのですが、番組の企画を考えたり、番組の台本を書いたり、出演者と打ち合わせしたり……。とにかく、「放送を面白くするためのスタッフの1人」と言えるでしょう。「放送作家」は特殊な仕事ではありますが、人への気遣いや対応力、視聴者に求められることをつくり上げていく、という点においては社会における大多数の仕事とも共通する部分が多いと思っています。

僕は出演者（芸人や専門家としての出役）としての顔もあるので、他の作家さんに比べて、割と思いっきり顔が知られているほうだと思うのですが、通常は放送作家の顔なんて知られてなくていいわけです。放送が面白くなりさえすればいいという。

もっというとプロデューサーやディレクターなどと比べて「放送作家」の仕事は「なくてはならないもの」ではありません。プロデューサーやディレクターに企画を出せるアイデアマンがいたら、実際のところなんとでもなります。

事実、番組によっては放送作家をおかない番組もあります。みんなでアイデアを出して台本を書いてナレーション原稿を書いて、出演者と打ち合わせをして収録をして編集をして納品したら、放送はできるわけです。

それでも、僕をはじめとする「放送作家」という仕事が、2024年現在、まだ成立していて、僕にもこれだけオファーがあるという点で考えると、少なくとも「放送作家」は「何かしらのプロフェッショナル」であることは間違いないと言えるでしょう。

番組はどうやって出来上がるのか

「放送作家」という役割は大きくいえば「番組を作るスタッフ」の1人です。テレビやラジオ、番組によってやることは違いますが「番組の中身を考える」ことが主な仕事です。

1つのテレビ番組を作るのにこのような役割分担があります。

まずは全体を取り仕切る「総合演出」
予算管理、全体スケジュール管理などをする「プロデューサー」
撮影や編集を担当する「ディレクター」
それぞれに「アシスタントプロデューサー」、「アシスタントディレクター」がいます。
そして僕も担当している「放送作家」
このような面々がいて、1つのチームが出来上がります（細かく言うと音響さん、照明さん、などなどもっといるのですが)。

テレビは秒単位で作り上げることになるのできめ細やかな作業が必要です。レギュラー番組としてすでに放送している番組であれば週に一度は定例会議があり、そこでアイデアを出して次回収録の内容を詰めていきます。ここの会議に向けて毎週の企画案を事前に出すことが放送作家の大きな作業の1つです。

例えばですが、「スタジオで○○に関するクイズを出題」「この人たちで鎌倉に行って○○してみよう」「ゲストで○○さんが来るのでみんなで○○してみましょうか」(実際にはこんな簡単なものではないですが)といったようなアイデア出しをします。

その企画を会議でブレストした結果、企画案を進めることになった場合は、その内容をより具体的に詰める「分科会」が開かれ、作業を進めていくことになります。そして実際にロケに行くにあたってロケ台本の作成を任されることもあります。

ロケが終わりディレクターさんがVTRを編集し、ナレーションをつける際の「ナレーション原稿」も放送作家が書く番組もあります。そしてそのＶＴＲをスタジオ収録の際に出演者が見ることになるので「スタジオの進行台本」も必要になります。

放送作家として任されるおおまかな作業をまとめるとこのような感じで。

①企画案の提出
②分科会でアイデアの具体化
③ロケ台本作成
④ナレーション原稿作成
⑤スタジオ台本作成

大きくこの5つの項目があります。これら全てを任される場合と①と⑤のみの場合など
と、番組によって全く違います。番組によっては①〜⑤まで全てなしで出演者への打ち合わせだけ任されるなんてことも。ほんとにケースバイケースなんですよね。

ラジオに関しては多くの場合、メールの印刷（出演者が選ぶことも多いので、粗く印刷しておく作業）、そして台本の作成。定例会議においてコーナー案を提出したり、今後の番組について打ち合わせをしていきます。ラジオはスタッフが少なく密な印象があります。

ラジオに関してもまとめると次のようになります。

①台本作成
②メールの選定
③コーナー案提出
④スタジオワーク（出演者にメールを渡したり、資料を渡したり、時には話をしたり）

また、場合によっては出演者のトークコーナーの壁打ち相手をすることもあります。僕は基本的には出演者が話したいことを楽しく話してもらうことが一番だと思っているので、あれこれアドバイスをすることはほとんどありません。

壁打ちといっても、オードリーＡＮＮでの春日のトークゾーンでは、毎回放送よりも早めに集合し会議室で「その週に何があったか」「家族とはどんな時間を過ごしたのか」などなど、雑談ベースで聞いています。大した作業ではありませんが本人は当たり前だと思っていることでも人が聞いたらおかしなことだったりするのでその発見を2人でするイメージです。

それ以外の番組でも、出演者がフリートークのコーナーでどういう話をするか迷うということがあれば、それを聞いて、簡単に順番を組み替えたり、何を主題に置くのかを話を聞いて提案したりなど、話の整理のお手伝いをすることもたまにあります。本人から話を聞いてあくまでサポートとして骨組みを一緒に考えたりするような感じでしょうか。これは番組であったり、人であったりで変わる作業なので、全く行わないこともあります。

これだけ幅広い作業があるので「放送作家って何してるの？」と聞かれると一言ではお返事できないのです。そして右記のようなことを最多で23番組ほど担当していました。

いやあ、大変ですね。よくやってたなぁと思います。

放送作家の具体的な仕事

番組別に僕の放送作家としての役割を紹介します。

●DayDay.

日本テレビ「DayDay.」という朝のニュース番組の構成を担当しています。もともとは「スッキリ」という前身番組の構成を10年担当し、新番組になってまたお声がけいただき、もう通算で10年以上も続く長いレギュラーの仕事です。

「スッキリ」では2年ほど番組開始冒頭のニュースコーナーを担当。後に芸能ニュースを取り扱う「クイズッス」の担当になりました。

時事ニュースを扱っていた時期は前日の夕方に日テレに入り、想定しているニュースについてロケに出ていた取材班とやりとりしながらVTRのおおまかな構成を打ち合わせ。ざっくり内容が決まったら並行してVTRのナレーション原稿を作成。隙間でスタジオ台本を書いていました。

こんなことをやっていたらあっという間に朝になり、放送を終えて反省会、帰宅、という流れでした。もちろん朝方に大きなニュースが入るとその時点で全てがひっくり返る可能性もあります。

この時は週1の担当でした。そして、3年目からは芸能ニュースのコーナーを月～金曜日まで週5で8年間帯で担当しました。

現在「DayDay.」という番組では「スッキリ」時代の芸能ニュースコーナーを踏襲したコーナーを担当しています。こちらも平日全曜日で参加しています。

芸能ニュースコーナーでの作業は時事ニュースとは全く異なります。作業としてはまずは毎日のクイズの文言調整です。24時間ありとあらゆるタイミングでディレクターさんから送られてくる「取材先」の相手とそのタレントさんの「エピソード」をもとにクイズを作成します。

ここでいう取材先とは映画の公開イベント、本の出版イベント、ドラマの情報解禁、ミュージシャンであれば楽曲リリースなどが多いです。もちろん、ディレクターさんが作ったクイズが丸ごと使える時もありますが、1から文言を作り直す作業が必要になる時もあります。

そして毎朝6時に日テレに入り、まずは放送前のVTRとナレーション原稿のチェック・修正。言い回しを調整したりするだけではなく面白いアイデアを少し付け加えたり、視聴者が見やすくなるための調整をします。

VTRの順番も入れ替えたりして、8時半頃から出演者打ち合わせ。原稿の読み合わせをして放送。終了後、反省会をして終了です。毎日の作業なので1年中芸能ニュースと人にまつわるクイズを作成する365日を過ごすことになります。

日々の作業に加えて稀にイレギュラーな案件（例えばドラマの番宣で豪華俳優さんたちが出演するのでスタジオでの企画を考えるなど）も入ってきます。

芸能ニュースからクイズを作成するコツはまた別途。これを年間200問以上作成する8年間なので、かれこれ1600問ほど作ったことになりますでしょうか。

●ヒルナンデス！

日本テレビ「ヒルナンデス！」では月曜日を担当しています。担当しておよそ4年になります。

「ヒルナンデス！」では大きく毎週の定例会議に企画案を提出。放送日前日、前々日からナレーション原稿作成。ロケ台本＆スタジオ台本相談。これら3つの作業を任されています。

担当回が月曜なので週末に会議があり、土日でナレーション原稿の作成・修正（土日のどちらかにナレーション原稿を書き換えることになるので久しく土日にゆっくりした記憶がないほど）。

オンエアチェックして反省会という流れです。他にも随時ロケ前のディレクターさんから相談があったり、スタジオ展開を担当から相談されたり、いろんな相談をされます。

週1回の担当ですがまあまあやることは多い印象。帯で担当している「DayDay.」は毎日の担当からのメールに即返信。朝はとにかく朝6時に入ってVTRを見ればその場でアイデアが浮かぶので「とにかく日テレに行くこと」ができればいいのですが、「ヒルナンデス！」の場合は定例の会議までに費やす時間、ナレーションを書き換える時間などじっくり頭を使いながら考える作業が多いなあという体感。

ちなみに、「ヒルナンデス！」は生放送時にスタジオに行くことはほぼありません。（たまにスタジオの空気を確認しにのぞきに行く程度）。「ヒルナンデス！」に関しては、レギュラー陣と顔を合わせて打ち合わせをすることは僕はしていないので、出演者にもほぼ会ったことはありません。「ヒルナンデス！」は曜日でチームが分かれているので他曜日がどのような動きをしているかなども全く把握していないです。

●キョコロヒー

テレビ朝日「キョコロヒー」という番組を担当しています。テレビ朝日の「バラバラ大作戦」という枠で深夜2時というド深夜、低予算の中始まったトークバラエティです。僕の前作の自伝的エッセイ「スターにはなれませんでしたが」で対談した舟橋政宏さんにお声がけいただいたことがきっかけです。

深夜2時台の頃はセットも組めず、ADさんがカラーコピーをしたものを会議室の壁に両面テープで貼って椅子を2つ並べて収録をしていました。「キョコロヒー」はあれから局内で評価をあげ、現在は23時台の番組になってセットも豪華になりゲストもたくさん来ていただくような番組になりました。出演者の実力は言わずもがなですが。

こちらの番組においての僕の作業は、週1の定例会議にて企画案の提出（オンエア反省含）。収録直前は分科会で細かい作業。ざっと大きく二点。「キョコロヒー」は「トークバラエティ」という性質上、「スタジオで2人に何をやってもらうと面白くなるか」という線しかほぼありません。ただ、深夜2時台と23時台とでは考えることが全く変わりますし、出演者の環境や立場が変わることでまた内容も変わっていきます。

「キョコロヒー」で言うと、スタジオセットも何もない謎の「ダンスバラエティ」というくくりの番組だったところから徐々に時間帯があがり、立派なトークバラエティ番組になりました。それはこの数年で2人がそれぞれ、自分の持ち場で芸能界的にステップアップしていったことが大きいかと思います。考え方でいうと深夜の頃は「何これ？」と思われる企画も多々やっておりました。

「ジョイマンのネタをダンサーが踊りながらやってみたらどうなるのか実験する企画」とか「食レポをダンスで表現してみる企画」とか。「ダンス番組」というフレームを生かした企画を考えていました。今振り返ってもよくわからないのだけど企画を考えるのはとても楽しかったのを覚えています。

放送が走りだしてからはオンエア中や様々なインタビューで2人が言っていたことを拾ったりしながら企画を考えたり、時間帯が早くなってからは「2人のことを知らない人が見ても楽しい」ことを意識して考えます。

●ハマスカ放送部

「ハマスカ放送部」は「キョコロヒー」のスタッフさんからお声がけいただきました。作業内容は「キョコロヒー」とほぼ一緒で、週1の定例会議にて企画案の提出（オンエア反省含）。収録直前は分科会で細かい作業。

こちらも出演者2人の掛け合わせによるトークバラエティです。「音楽番組」というテーマが、あるので企画は考えやすいです。こちらは収録には過去、1回か2回しか行ってません。ハマ・オカモトさんとは何度かご挨拶しましたが齋藤飛鳥さんとは一回も会ってないです。

それでも企画を考えることができるのは優秀なスタッフさんの力があるのはもちろんですが、僕がちゃんと音楽が好きだったからでしょうか。わかりやすいところでいうとスキマスイッチに何度も出てもらったりBase Ball Bearの関根史織さんにチャップマン・スティックを弾いてもらったりと、ここまでの仕事の縁でミュージシャンの知り合いも少なくないのでそんなキャスティングの提案もしました。僕の強みはこういった人と縁があるというところもありそうですね。

「あの人、こういうこと詳しいんですよ」と即座に思いつくのはアイデアの思いつきというよりは「僕の大好きなあの人、こんなことできるんですよ」という情報のストックがあるかどうかということでもあったりします。人の好みや属性を知っておくことはこういった時仕事に生かされてきます。

●ニャンちゅう！宇宙！放送チュー！

ＮＨＫの子ども向け番組。３人の脚本家で担当しています。担当のディレクターさんと打ち合わせをした後、執筆に入ります。脚本ものの仕事は数少ないですが今後もっと増やしていきたいと思っています。

ニャンちゅうに関してはお姉さん役の俳優さんとニャンちゅう、ベラボラ、３人のやりとりを書いていきます。

劇やコントを日常的に書いているため、この脚本作業はとても楽です。

アイデアを形にする

放送作家の仕事は「宿題」なるものに追われる仕事だと思っています。これは作家に限らず、様々な職種でも求められる場合がありますよね。いつまでにこの企画書を提出してください、とか、この資料を準備してください……とか。**作家の場合はとかく、そうした宿題に追われる日々です。**

スタジオ台本、ロケ台本、ゲスト案、企画案、ゲームコーナー案……などなど求められることは番組やタイミングによって様々。しかし、**全てに共通して言えるのは「何かのアイデアを提供する」ことが求められる**というのは間違いありません。

つまり、僕ら作家には「プロデューサーやディレクターには考え付かないようなアイデア」が求められるわけで、自分のバリューを発揮するためには毎回の会議でのアイデア出しがとても重要になってきます。

僕が日常的にやっているアイデアの作り方を参考までに紹介します。
朝の情報番組「DayDay.」という番組で担当している芸能ニュースのコーナーでは、映画・ドラマ・音楽・CM、などなど様々なジャンルの最新トピックスをお伝えします。
その中で出演者の方にインタビューをして簡単なクイズを出題します。これは前番組「スッキリ」でもやっていた手法なので、芸能ニュースを扱うコーナーとしてはとてもオーソドックスな形になります。放送で取り扱うドラマなり映画なりの出演者の過去のエピソードやインタビューからクイズを作ります。

具体的に例を挙げてみましょう。

「高校時代の一番の後悔は、高校生時代から芸能活動をしていて自分の時間がなく、部活に入れなかったこと」というお話をしているタレントさんがいるとします。その際、このエピソードをクイズに変換するとこうなります。

「○○さんが高校時代に一番後悔していることとはいったいなんでしょうか？」

いただいたコメントの中から、それを主題にした質問を考えるのです。

この時、クイズコーナーは大喜利ではないのですがお茶の間にちょっとした笑いを届けることも大事になってくるので、**答える方が「何を答えてもなんか面白くなる」ことがすごく大事になります。**

もう1つ例を挙げてみましょう。

「子役の○○さんが最近できるようになって、みんなから褒められたことはいったいなんでしょう？」

これも先ほどと同様、何をあてはめてもなんか面白くなるクイズの好例です。「確定申告」とか「遺産相続」とか大人が苦戦する小難しいことを答えたらなんか面白くなるわけです。

考え方としてはその事象のどこをクイズにしてどこを考えれば面白くなるか分析するところから始めます。

「子役が自転車に乗れるようになってみんなに褒められた」

このような話だと「自転車に乗れるようになった」をクイズにするだけで成立します。これをあらゆるエピソードで探すイメージです。今回挙げたような簡単なクイズコーナーのクイズを延々考え続けた結果、誰のどんなエピソードでも簡単にクイズにできるということが特技になりました。

何かを続けているとある偏った特技が身につきます。それがそこでしか使えないようなテクニックである、と見せかけて意外にも流用が可能だったりします。あなたの持っている超マニアックなその特性も、必ずや他で生かされる場所があるはずです。

こんな作業を10年以上続けていると非常に稀なスキルが成長し、その力を他で生かせるタイミングももちろんくるわけです。そこも面白いところですよね。

返信は最速でするけど

年末年始などの特別な日程で動いている時以外は、基本的にすぐに返信するタイプだと思います。よく、ビジネスマナーとして「返信は最速で」と言われることが多いですが、僕の場合は少し違います。

というのも、**これはマナー寄りの話ではなく、僕は僕自身の能力を過信しないようにしているから、そして先方にアイデアを当てて反応を見たいから、というのが大きな理由です。**自分が提出したものに対して、相手が「ちょっと違うんだよな」と思った時、ギリギリに提出してしまうと修正に時間がかかる。相手の意図を企画にできているかどうかは、相手に見せて初めて判断されるものなので、なるべく早く返信するようにしています。

もし、僕に「絶対にこの企画が成功する！」「この道筋で間違いない！」という自信があったとしてもまずは発注元（多くの場合はディレクターさんや番組スタッフさんなど）の意向に沿っているかどうかもこの場合大事なので、早いにこしたことはないのだろうと考えています。

また、今までの経験則になってしまいますが、企画について悩んだとて最終的なジャッジはそこまで大きく変わらないというのも実感しています。今返信するのと、一週間後に返信するのを比較して、クオリティに圧倒的な差が出ると思えない。だったら、今返信してしまえば、相手もその分仕事が進むし一週間後にはブラッシュアップしたものが出来上がっているはずです。

ここで重要なのは、僕は「時間をかけないこと」を推奨しているわけではありません。いいものをつくりたい。その気持ちは持っていますが、時間をかけたらかけただけいいものができるとも限らない。時間をかけるべきものと、かけなくても形になるものの嗅覚は、今まで培ってきた経験に裏打ちされているんだと思います。

だから、まだ業界に入りたての新人の方や、右も左もわからない状態の人に「時間をかけるべからず」と言っているわけではありません。紆余曲折あった僕の人生では、現段階で返信は早いほうがいいという答えを出しているだけにすぎません。

この時、「相手によく思われたい」「相手にセンスがあると思われたい」と思って着想することはありません。企画が面白くなるかどうか、そして、発注元が満足するアイデアかどうか、だけです。結果として僕に頼んでよかったと思われれば仕事は繋がっていきますし、そうじゃないものだとしたら終わっていくのでしょう。

「1週間、粘りに粘って2のアイデアを僕の手元で2＋αにして形にするより、2のまま早い段階で渡して、相手とブレストして2を5にして形にする」ほうが建設的だよね、という判断です。多くの場合において、他者のアイデアを受けてアイデアが思わぬ方向に転がっていくことがあります。そういう意味でも自分のアイデアや企画に「過信」しないことは意識しています。

野心がなくても生きていける

いいものをつくりたい。その気持ちは純粋にあります。ただ、「誰にも真似できない歴史的コンテンツを作ってやる！」とか「世の中を震撼させる面白い番組を作りたい」みたいなロマンは持ち合わせていません。

モノづくりに携わっていると、勝手に評価をされるタイミングがたまに訪れます。それはそれでありがたい話ではありますが、他者がジャッジするものなので僕自身がどうこうできるものではありません。

僕のことをいいと思ってくれる人がいてもいいし、石を投げたい人は投げたらいいし。「こう思ってほしい！」というのは無謀な話で、僕は僕にできることをやるしかありません。

僕の放送作家としての番組における役割は「もともと3だったものを10くらいにして世の中に送りだす」ことが多いです。

じゃあ3のまま世の中に出してはいけないのかというと、そんなこともありません。ただ、それが10になったほうが「更に面白さが伝わる」だけでその作業を淡々と任されることが多いのだと思います。

だから、僕自身はそんなに大層な仕事をしているつもりもないし、内に秘めたる理念があるわけでもない。ただ、自分が関わった仕事が、ほんの少しいい形で届けられたらいいな、というささやかな願いがあるだけです。

僕じゃないとできない何かがあるわけではありませんが、せっかく自分が関わったなら少しでもいいものになったら嬉しい。一緒に働く人や関わった人が少しでも気持ちのいいものがつくれたらいい。そう思っています。

インプットとアウトプット

「アイデアってどこからどのように考えてますか？」という質問をよくいただきます。「インプット」→「アウトプット」みたいな話でいうと僕の中では全てがインプットで全てがアウトプットです。

今日は「ヒルナンデス！」でキャンプ特集を担当しました。バーベキューをする時に使う「岩塩プレート」なるものを紹介したのですが、岩塩を切り取って作った板で食材を焼くことで美味しくいただけるというものです。

この情報自体を番組で紹介した場合、それ自体は「アウトプット」であるし僕の中での情報の蓄積としては「インプット」になります。このように、1つの情報を〃得る〃ことも〃出す〃こともアイデア作りのもとになっているとも言えます。

過去、オードリー若林君のＹｏｕＴｕｂｅ動画で「小さな帽子をつけった後に足元からヘアバンドをつけることができるか」という壮大な検証企画に参加しました。これも何かしらのインプットとも言えます。ただの楽しい思い出ですけど（笑）。

日々得る幅広い情報が「いつ」「どこで」「どのように」アイデアになるかはわかりません。しかしながら担当番組が20本近くあって情報番組からスポーツ、バラエティまで担当しているとそれ自体が「インプットの毎日」に自ずとなっていきます。

例えば、齊藤京子さんとどこか別番組で共演したとして、そこでの言動を担当している「キョコロヒー」の企画にフィードバックすることもあります。くるりのライブを見に行った際に、ライブ中に岸田繁さんが使用していた「冷却ファンを改造した楽器」をくるりのラジオを担当する際に持ってきていただいて企画にしたこともあります。

そうやって、いつからかプライベートと仕事の境界線がなく（もしかすると全てが仕事なのかもしれませんが）、**入ってくる情報が自然と何かと何かに繋がる、ということが習慣化されてきました。**

仕事でもプライベートでもどこかで何か見て印象的だったことは、必ず何かのアイデアの種になると考えているので、**気になることは事象、ワード、人、何かに関わらず一応メモしておくことにしています。**

それが「ズームイン!!サタデー」で何かになるか、「ヒルナンデス！」で何かになるか、結論はわかりません。来週かもしれないし、数年後に何かの形になるかもしれませんが、何にもならないかもしれないのです。でも、なんとなく「何かになるかも」という意識を持つことは大事だと思っていて。意識しなければ全て自分の意識外に流れてしまうので、そのアンテナだけは張っておくように心がけています。

テレビやラジオでいうと、やや特殊な世界なので「人」にアンテナを張っているスタッフさんは多いと思います。次は誰がブレイクするのか？　今誰が流行っているのか？　視聴者が見たいのは誰か？　青田買いをしたい人、後追いでもいいから今の旬な人を出したい人、思惑は様々。

結局はトレンド感のある人が「〇〇という番組で〇〇していたのでどうでしょう？」と会議のテーブルで名前が出てくることが多いです。「流行る」「売れる」ということはそんなもので「何かで見て面白かった」「子どもが夢中になって見ていた」とかそんなもので会議に名前が出たりするものです。

あとはわかりやすく「M－1の決勝に出ていた」「○○というコンテストで優勝した」など誰かの印鑑を押された人たちがキャスティングされていくことも当然多いです。そんなことでもないと「出す理由」がないのでしょうかね。

失敗から得られるもの

書籍の制作にあたり、「DayDay.」の密着をしていただきました。たいていの場合、大きなトラブルもなく終わるのですが、密着していただいた時に限ってちょっとしたトラブルが起きてしまったのは、持っているということなのか、持っていないということなのか、なんとも言えないところです。

朝の7時から始まったVTRチェックの時点で、一部修正しておいてほしいテロップがあったので、担当者に連絡し本番を迎えることになりました。しかし、実際に本番でVTRが流れてみると直っておらず、そのままオンエアに乗りました。

そのテロップの修正は「こういうテロップにしたほうが、少しだけ面白くなるよね」というだけの指摘なので放送事故でもなんでもありません。そうです、一笑い取りこぼした、くらいの話でしょうか。

反省会ではそのような事象があったことは共有しましたが、デイリーの番組でいちいちそこを気にしていたらきりがありません。とにかく明日のために今日のようなミスをしないという心構えで気がついた時に反省し、全員で共有して進んでいくしかありません。

ただ、このちょっとした修正ミスが起こるということは、どこかしらにエラーの種が落ちているということなので、実は大きな放送事故の「種」であるかもしれないのです。ということなので「誰が」「いつ」「何を」伝え忘れた結果こうなったのか、というところはライトなミスでも整理はするようにしています。

その上で、別に誰かのせいにするということではなく「システム」としてのエラーを探すきっかけにさせてもらうというイメージでしょうか。**「人」のエラーというより「そうなったシステム」「方法」に穴があるはずなので。**

この考え方のおかげで誰かを必要以上に責め立てたり、空気が悪くなることはあまりありません。

小さなエラーを見逃さない

構成作家というのは、アドバイザー的な意味合いが強いので、僕のもとにはいろいろな相談ごとが舞い込みます。相談されること自体は、どんなことでも番組のためになればいいし、それは僕の仕事だと思っているので全然構いません。

何度か経験があるのですが「誰かがインターネットで検索したら答えが出るもの」を何人かを通じて僕の手元に宿題として出されることがあります。放送作家としてアイデアを出す作業と、調べものをする作業は、もちろん別です。

職業として「リサーチャー」という役割で番組に関わる人もいるのですが、番組によっては若手芸人がそのリサーチを任されることもあるにはあります。

が！　これ、誰かが検索したら10秒で終わる話なんじゃないか……ということもたまにあったりします。

「誰かが検索してわかるようなこと」をわざわざディレクターからの指示でアシスタントディレクターがある課題を請け負い、アシスタントディレクターが作家に宿題として投げ、その情報をもとに全員で対面で会議をする。

誰かが検索して調べてデータでやりとりして終わる話が、みんなで壮大な無駄な時間を過ごすことになります。

これを人的なシステムエラーと呼ぶのは、大げさだと思われるかもしれません。でも、早い段階で指摘しておけば結果的に全員の労力が節約できるはず。それに、この小さなエラーは僕との仕事だけではなく、いろいろなところで支障になっているはずです。こういう事象が起こるチームは他でも必ず同じようなことを起こす可能性があります。だから、この件に関しては番組の演出担当に、具体的な改善策をすごく丁寧に、オブラートに包みながらお伝えしました。

たいていの場合は、何か大きなエラーが起きてから対処法を考えたり、話し合いの場を設けたりするんだと思います。それはもちろん大切なことですが、**小さなエラーの積み重ねや、まだ表面化していないエラーと向き合う時間も同じくらい大切です。**

エラーが起きた時に、大切なのは次に起こらないようにシステムを整えることだと僕は思っています。ミスした人に対して怒ったとしても、それ自体にはなんの意味もない。

一番やっかいなのは年長者や上司がこれをやってしまうこと、その可能性も大いにあるわけです。なんならそっちのほうが多いのかもしれません。

大切なのは、誰かを悪者にすることでも、できない人にできないことを押しつけることでもない。これからチームで働いていく中で、誰がどんなフォローをできるかを適切に考えることがエラーを減らす最善の方法だと思います。

もちろん、自戒の意味を含めて、です。自分が逆の立場になった場合でも「言ってもらいやすい人」でいたいと、そう思います。

反省ばっかりの毎日

この仕事を始めてから20年以上経ちましたが、今も昔も仕事の後には必ずと言っていいほど、振り返りの時間を設けてしまいます。

というよりは自然とその日の仕事の反省をスタートさせてしまうようになりました。自分でもそりゃ眠れなくなるわな……と思いつつ完全に悪いことだとも思っていません。

出演した番組における「あの時、あのような言い方をすればよかった！」とか「ツッコミとしてはもっと違う言い方があったな！」とか。大喜利ライブの後になっていい答えが浮かぶこともあるし、放送作家として参加している番組の会議ですら「もっといい表現でみんなに伝えないと、企画の意図が伝わってなかったかも……」ということまで考えてしまいます。

常に細かく振り返りをしてしまう癖がついている。

これはもう性格なんでしょうから変えようがありません。

こういうことを言うと「くよくよしたって何も変わらないんだから、明るく生きたほうがいいよ」とアドバイスをいただくこともあります。

が、反省の時間はもう僕の日常に溶け込みすぎていて、切り離すことができません。

眠れなくなるほど考えすぎてしまう性格なら、それをプラスに働かせるしかないんでしょう。

反省して考えを深めたり、次に同じことが起きた時の改善策が生まれたり、積み重ねた十数年のおかげで仕事が増えていったんだろうなという実感もあります。

「明るい性格だったらもっと楽しいんだろうな」と思ったことはありますが、しかしそういう部類の人とは人間の形がそもそも違うので、無理なんですよね。

＼どんなことが起こったとしてもそれは自分の実力で、それ以上もそれ以下もないと思います。

反省して次に生せることもあるし、生かせないこともあるでしょう。ミスがゼロになるほど完璧ではないことも知っているので、諦めることも大いに増えてくるわけです。

反省することは次の仕事をより良いものにするために必要な時間ですが、それをしっかり振り返ったら、あとはある程度は自分を過信せず諦めるところは諦め、気持ちを切り替えること、それが大事なことだと思っています。

企画の立て方

印象的な企画として、こんな企画が過去にありました。2022年、個人的に一番手応えのあった企画が「くるりのオールナイトニッポン0（ZERO）」という特番です。自分の大好きなアーティストであるくるりの番組を担当できるというのものすごく光栄なことでしたが、それは僕がくるりを好きであることを公言していたこともきっかけとなり、番組に作家としてお声がけいただくことになりました。

「くるりのオールナイトニッポン0」では「広島カープVSくるり楽曲軍」という企画をお送りしました。くるりのこれまでの30年の楽曲の中から架空の野球チームを作ります。岸田さんは監督、佐藤征史さんはヘッドコーチ。リスナーの皆さんには「打順」を考えていただきました。

「ロックンロール（曲名）は4番サードでしょ！」

という形でお2人がメールを読みながら「くるり楽曲軍」を作っていきます。打順が決定したところで本物のプロ野球の実況アナをゲストでお招きし、架空の試合を実況してもらうというコーナーでした。

実況の清水久嗣《ひさし》アナが妄想で試合を展開しながら、くるりのお2人もコメントを挟みつつ、ラジオならではの面白さが詰まった企画として大成功！

くるりのお2人が野球が大好きということで「くるり×野球×ラジオ」の掛け算で思いついた企画です。

企画を立てる際には出演者の特性をしっかり見極めることも大事なことだと思います。

「何が好きか」「何が得意か」などを知っているとそれがこうして面白い企画に生かされることもあります。

自分の直感を信じる

様々な現場で働いているといろんな人と関わることになります。その時に「仕事はできるけど人間性に難がある人」と「仕事はできないけど人間性は素晴らしい人」がいたとして、そのどちらがいいかを考えても仕方がないと思っています。

なぜかというと「仕事ができて人間性も素晴らしい人」はちゃんといるからです。少なくとも、僕の周りにはそういう人ばかりです。

僕はこれまで、いろんなことを諦めて今の仕事に行きついたわけですが、「どんな人と関わりたいか」は諦める必要がないこととして、今では自分の仕事選びの大きな基準の一つになっています。

例えば、働く上で「仕事はできるけど人間性に難がある人」とずっと関わり続けることは物理上、可能は可能ですが疲弊する原因になります。逆に、「仕事はできないけど人間性は素晴らしい人」との仕事は、人間関係のストレスはないのかもしれませんが、それでは業務にならないといった問題も出てくるでしょう。

仕事はあくまで仕事なので、そこに発生する人付き合いに慣れ合いや過度な期待を持ちすぎないほうがいいとは思っていますが、自分が「無理」を感じる相手とは結局長い目で見た時にいい仕事ができないケースがほとんどです。

仕事は人と人とがつくり上げていくものだからこそ、いくら条件がよかったとしても、違和感を覚えた際は自分の直感や本心に従うようにしています。

これは人によっては「仕事の条件」かもしれないし「待遇」かもしれないし様々だとは思いますが、自分が何を信じて、何を基準として仕事を選ぶのか、という指針を持っているとエラーが起こる確率を減らしていくことができると思います。僕自身も今は人に恵まれていますが、作家の仕事を始めたばかりの頃はもちろんそうではなく、嫌な経験や失敗を経て、今の指針を持てるようになりました。

失敗や過去の経験が増えていくと、自分の直感を信じやすくなります。あの時ああだったから、今度はこうしよう、とか、この感じで進むと、また前と同じことが起きるぞ、とか、自分で判断できるようになっていくからです。

結果、今はほとんど人間関係でのトラブルに見舞われることは少なくなりました。自分に合った、という表現もおかしいかもしれませんが、気持ちに沿ったジャッジを繰り返すことでちゃんと自分が望む環境が整ってくるようになってきました。

仕事が減るのはよくないことなのか？

多い時には23本の番組を担当していた僕ですが製作費を削減する関係で番組途中で番組を離れるという経験をしたことも何度もあります。特番時代に、呼ばれてその後それが、レギュラー番組になった時にもうお声がかからない、なんて経験もあります（その逆も当然あります）。

番組が終了するタイミングや放送時間が変わる時期に「これで番組を外れてもらうことになります。お疲れさまです」と言われることは全然あるわけで。その理由は、僕が期待に応えられなかったということも、依頼先が思うニーズとマッチしなかったなども、理由は様々です。予算がとれなくなったというのも、もちろんあります。

番組を離れることになったという事象だけでいうと、失敗したと受け取られることもあると思うのですが、これは仕事の相性みたいな側面も大いにあります。

逆を言うと相性がよくないものを無理に続けることはクライアントにとっても、自分にとっても、ひいてはチーム全体にとっても健康的ではないので、そういう視点で見れば大きなトラブルやストレスになる前にその仕事から外れるのは、ある意味では消去法で向いているものに向かっていく時間だった、といえると思います。

僕にはもう何年も続いているお仕事が複数あります。気がつけば十年以上同じチームでお仕事をさせてもらっている番組なんかもありますし、そこから派生して新たな仕事に繋がることだってあります。長年続いているチームがいくつもあるというのは、裏を返せば「またお願いしたい」とオファーが続いたという解釈にもなるので、ある意味成功が続いているとも言えるかもしれません。

だから、あまり「この仕事がなくなった！」「あの番組に2回目は呼ばれなかった！」と落ち込むこともないし、もし終わりが訪れたとしても、それは働いている人たちが、それぞれ居心地の良い場所を見つけるために必要な過程なんだろうなと思います。

「仕事が減る」というのは点で見るキツいことですが、線で見ると自分の適性のある何かにまた近づいた、くらいなことなんでしょうね。

あとがき

こちらのお話をいただいて、1年半ほどかかってようやく本作の出版にたどり着くことができました。編集の遠藤さんをはじめ、様々な方のご協力・ご尽力の賜物です。深く感謝申し上げます。

この本を書き始めてからの1年半は個人的にもいろいろな選択をし、変革があった時期となりました。「オードリーのオールナイトニッポン東京ドームライブ」があったり、「仕事を減らす」ことにチャレンジしたり、4年ぶりに自主公演「劇、佐藤満春」を開催したり。全ての意思決定が正しかったかどうかは今後の結果次第ではあるのですが、今のところ全く後悔はありません。

人から承認されなくても淡々と頼まれた作業をこなしていくのが僕の生き方ではあるのですが、こんな本を出すことももちろんその1つです。誰かの、何かの参考になれば、それ以上に嬉しいことはありません。

今、このあとがきを書いているのは宮崎県で開催された「ひなたフェス」の翌日。様々なご縁があり、フェスでは全体のトイレ監修を担当しました。
仮設トイレの数、男女比、掃除の頻度、デザイン、エンタメ性……運営の皆さんと会議を重ね、視察を重ねて、様々ご協力の上で素晴らしいトイレ環境をつくり上げることができました。僕の要望を事細かに叶えてくださったライブ運営チームと日向坂46の事務所の皆さん。そして現地で一緒にトイレ掃除に参加してくれたボランティアスタッフの皆さん、そして1日およそ2万人もいながら綺麗に利用してくれた利用者の皆さん、トイレに関してコメントをくださったメンバーの皆さん、全ての方に感謝申し上げます。

今回のトイレ監修もそうですが、「仕事」というよりは「使命感」で参加できる企画と時々出会うことができます。
オードリーオールナイトニッポンもそう。別出版社になりますがトイレの児童書もそう。この本も、まさにそうです。「家族と楽しく過ごすこと」もそうでしょう。

その上で僕にできることはそう大きくはないのでそこも自覚しながら生きています。世の中を震撼させ、世の中の価値観を一新させ、ビッグマネーを手にするような事象は僕の人生においては起こりませんし、そこは目指すところではありません。

多くの幸運と出会いによって、僕は僕にできる運命的な時間の使い方を見つけることができました。それ自体は誰にどうジャッジされ、どういう評価を受けるかはもう知ったこっちゃないところです。

今回このような形で「仕事術」として改めて本という形にすることができました。SNS全盛の時代に「本」にできることがとても幸運だなと思います。ちゃんと僕の届けたい人にちゃんと届くのが「本」であったり「舞台」であることは間違いないところでしょう。

表現の自由だなんだと好き勝手言われるようになり、好き勝手に批評をされる時代になりました。この本を届けることまでは精一杯頑張ります。しかし、読んだ方がどう感じるか？までは僕にコントロールできるところではありません。自分にできる範囲を知ること、自分を知ること、「身の程を知る」なんて言葉で終わる本もどうかしているのかと思いますが、僕は僕にできることを精一杯取り組んでいこうと思います。


先日、運よくチケットが当たり大好きな小沢健二さんの「LIFE再現ライブ」に行ってきました。ライブは最高潮に盛り上がり、非日常の空間を体験できました。

高校生当時、はまった楽曲たちを30年後の僕が状況も環境も違う中で当時と同じように、楽曲を楽しむことができたわけです。

小沢さんは終盤、こう言いました。「さて、生活の場に、日常に帰ろう」と。

そうなんです。僕が、僕たちが愛すべきはなんてことのない日常。その繰り返しの中でたまにやってくるご褒美のように笑い転げる夜や充実感のある瞬間のために「日常」を歯を食いしばって生きていくしかありません。僕自身もこれを書いている今、会議を2つ抱えて明日の始発で放送局に向かう日常の真っただ中なのです。まあ。なんとか頑張ります。

最後までお付き合いいただきありがとうございました。

さて、編集の遠藤さん！　3冊目の本の企画会議をしましょう。

佐藤満春

佐藤満春（さとうみつはる）

1978年2月17日生まれ、東京都町田市出身。岸学とのお笑いコンビ「どきどきキャンプ」や、放送作家として「DayDay.」「オードリーのオールナイトニッポン」などを担当。また、トイレ・掃除の専門家など様々な顔を持つ。著書に自伝的エッセイ「スターにはなれませんでしたが」（KADOKAWA）など。

凡人《ぼんじん》の戦略《せんりゃく》　暗躍《あんやく》する仕事術《しごとじゅつ》

2024年11月1日　初版発行

著者　佐藤満春《さとうみつはる》
発行者　山下直久
発行　株式会社 KADOKAWA
〒102-8177　東京都千代田区富士見2-13-3
電話 0570-002-301（ナビダイヤル）

印刷所　TOPPANクロレ株式会社
製本所　TOPPANクロレ株式会社

お問い合わせ
https://www.kadokawa.co.jp/（「お問い合わせ」へお進みください）
※内容によっては、お答えできない場合があります。
※サポートは日本国内のみとさせていただきます。
※ Japanese text only
※ Printed in Japan

定価はカバーに表示してあります。

ISBN978-4-04-607192-7　C0030